ニューヨーク仕込みの
カップケーキとデコレーション

ギャンブル五月

Satski Gamble

6　はじめに
9　カップケーキについて
10　作る前に
12　基本のカップケーキ
14　基本のバタークリーム
16　カップケーキのデコレーション

18 Chapter 1
ベーシック・カップケーキ

20　バニラ・カップケーキ
22　コーヒー・カップケーキ
24　レモン・カップケーキ
26　オレンジ・カップケーキ
28　バニラチョコ・カップケーキ

30　カップケーキのABC
32　マグノリア・ベーカリー®との出会い
34　バースデー・カップケーキ

36 Chapter 2
クリームチーズ・カップケーキ

38　レモン・クリームチーズ・カップケーキ
40　ココナッツ・カップケーキ
42　ラズベリー・クリームチーズ・カップケーキ
44　キャロット・カップケーキ
46　オレンジ・クリームチーズ・カップケーキ

48　クリームチーズ・アイシングのABC
50　『SEX AND THE CITY』がやってきた！
52　ウェディング・カップケーキ

54　Chapter 3

チョコレート・カップケーキ

56　基本のチョコレート・カップケーキ
58　ダブルチョコレート・カップケーキ
60　チョコミント・カップケーキ
62　ラズベリーチョコレート・カップケーキ
64　モカ・カップケーキ
66　チョコバニラ・カップケーキ

68　チョコレート・カップケーキのＡＢＣ
70　プラダを着たカップケーキ
72　クリスマスとバレンタイン

74　Chapter 4

スペシャル・カップケーキ

76　抹茶カップケーキ
78　クッキー＆クリーム・カップケーキ
80　ストロベリー＆クリーム・カップケーキ
82　アールグレイ・カップケーキ
84　レッドベルベット・カップケーキ

86　ホイップド・アイシングのＡＢＣ
88　トム・クルーズのレッドベルベット・ケーキ

90　おわりに

はじめに

私がカップケーキ・ショップの本家本元、ニューヨークの「マグノリア・ベーカリー®」でケーキ・デコレーターとして過ごした6年間という日々。ケーキの焼き上がる香ばしい匂いに包まれたベーカリーで、素晴らしいスタッフとカラフルなカップケーキに囲まれて過ごしたその時間は、何ものにも代えられない甘い思い出です。

それから数年が経ち、カップケーキの人気はアメリカ本土にとどまらず、現在私の住むイギリスにまで到来し、今ではこちらの伝統的なアフタヌーン・ティーにかかせないお菓子となりました。そして現在の私は、ロンドン郊外の自宅からカップケーキ・ビジネスを立ち上げて、レッスンをしたり、近所のカフェにカップケーキを卸したりの毎日を過ごしています。

カップケーキが日本でも静かなブームを呼んでいるということを耳にしたとき、是非、本場ニューヨーク仕込みのカップケーキを日本の皆様に紹介したいと思いました。
『ニューヨーク仕込みのカップケーキとデコレーション』では日本人の皆様の味覚に合うように、伝統的なアメリカン・カップケーキのレシピに改良を加えた私のオリジナルのカップケーキの作り方をご紹介しています。

本書のレシピの一番の特徴は、粉類や砂糖の計量に計り（グラム）ではなく、お米の計量カップを使うという所。アメリカでのお菓子作りは大胆にカップを使って小麦粉や砂糖を計るのが主流なので、その手軽さをどうしても日本の皆様にご紹介したくて何度も試作を繰り返しました。そして今回、ようやくお米の計量カップを使って計量するこのレシピに辿り着きました。

ご家庭でのお菓子作りは、簡単に楽しくできることが一番。このカップ計量の方法で、ぐっとお菓子作りが身近になることを願っています。

レシピの他にも、マグノリア・ベーカリーで体験したエピソード、セレブリティ目撃談、行事ごとのカップケーキのデコレーションの仕方などのコラムも織り交ぜてご紹介しています。

見ているだけで幸せになれる愛らしいカップケーキ。皆様のご家庭でもお気軽に楽しんでいただけたら幸いです。

Butterdrop

Cupcakes

カップケーキについて

『SEX AND THE CITY』のワンシーンで、キャリーとミランダがマグノリア・ベーカリー®前のベンチに座って、おいしそうにピンク色のカップケーキを頬張っている姿を覚えている方は少なくないはず。私がマグノリア・ベーカリーで働いた1998～2004年の6年間で作ったカップケーキの中で、一番注目されたカップケーキと言えるでしょう。そしてそのシーンがテレビで放送された翌日から、カップケーキは瞬く間にアメリカで一番人気のあるお菓子の地位を獲得していました。それをきっかけに、アメリカ中にカップケーキ・ショップが氾濫し、メディアでは毎日のようにカップケーキの特集が組まれ、センセーショナルなカップケーキ・ブームが巻き起こったのです……。

とどまる所を知らないカップケーキの人気の秘密は、やはりその愛らしさ。小さくてカラフルなカップケーキがいくつも並んでいると、誰もが思わず「かわいい！」という声を上げずにはいられなくなります。パステルカラーのアイシングや色とりどりのシュガーフラワーを使って何千、何万個というカップケーキを作った私は、気づかないうちにかわいらしいカップケーキ達に癒されていたような気さえします。

カップケーキは、かわいさだけでなく実用的な面も持ち合わせています。切り分ける必要がなく、お皿やフォークも不要なので、海外ではバースデーケーキやウェディングケーキとして大人気。その上、スポンジケーキと比べて面積も体積も小さく失敗する可能性が低いので、気軽に作れるという利点もあるのです。

世界中の人々を魅了して止まないカップケーキは、かわいいものを愛する日本人女性を夢中にさせるにちがいありません。

作る前に

材料は全て室温に戻しておく

全てのお菓子作りに共通する鉄則ですが、バター、卵、牛乳、ヨーグルト等は必ず室温に戻してから使用して下さい。バターは、軽く押すと指がへこむ程度の柔らかさになるまで、室温に置いて下さい。冷たいままの材料を使うと、生地が分離したりカップケーキが膨らまない原因になります。

粉類は事前に振るっておく

湿度の高い日本では、どうしても小麦粉や砂糖に湿気が溜まってしまいます。ふっくらとしたカップケーキを焼き上げるには、さらさらの粉類を使う事が理想ですので、粉類は必ず使用する前に振るいにかけてください。粉を振るう時はボウルに直接粉を振り入れるのではなく、大きな紙などを敷いた広い面積の上へ少し高めの位置から、粉に十分に空気を含ませるようなイメージで振ることがポイントです。

オーブンは十分に熱しておく

カップケーキを焼く前に、少なくとも15分間はオーブンを熱しておいてください。そしてオーブンの扉の開け閉めは敏速に。また、カップケーキを焼いている途中でオーブンの扉を開けることは厳禁です。オーブン内の温度が下がって、せっかく膨らんだカップケーキがしぼんでしまいます。

ステンレスかテフロン製のカップケーキ型を使う

最近はシリコンのケーキ型やカップケーキ型が流通していますが、シリコンは熱の伝導がステンレスよりも劣りますので、カップケーキの生地にうまく熱が通らない事も。この本ではステンレスかテフロン製のカップケーキ型を使うことをおすすめしています。

焼き上がったら5分以内に型から出して冷ます

カップケーキが焼きあがってカップケーキ型をオーブンから取り出したら、5分以内にまだ余熱で熱い状態のカップケーキをラックの上などに取り出してください。
焼き上がったカップケーキをそのまま熱い型の中に放置しておくと、熱い空気が逃げ切れずにカップケーキがしぼんでしまうことがあります。

Basic Cupcakes

基本のカップケーキ

基本となる一番ベーシックなカップケーキ。バターの代わりにコーン油を(キャノーラ油でも問題ありません)使い、グルテンを抑える片栗粉と無脂肪ヨーグルトを加えることで、ふんわりと軽いスポンジに仕上がります。
合わせて振るった粉類に液体類のミックスを加えて混ぜるだけ、というびっくりするくらい簡単な作り方です。

材料（カップケーキ15〜20個分）

A （粉類）
薄力粉 ……お米の計量カップ（180cc）2カップ
グラニュー糖 ……お米の計量カップ1カップと大さじ3
片栗粉 ……大さじ2
重曹 ……小さじ3/4
塩 ……小さじ1/2

B （液体類）
コーン油 ……150cc
無脂肪ヨーグルト ……100cc（室温に戻しておく）
低脂肪牛乳 ……50cc（室温に戻しておく）
卵（S）……2個
バニラエッセンス ……2、3滴

作り方

1. オーブンは175度に熱する。

2. Aの粉類をすべて合わせて2回ほど振るいにかけたものを、大きめのボウルに移す。

3. Bの液体類も全て合わせてボウルやジャグなどに入れておく。

4. 2のボウルに、少しずつ3の液体類を注ぎ入れながら、ハンドミキサーの「弱」のスピードで混ぜ始める。

5. 3の液体類を全て加えたら、ハンドミキサーの「中」のスピードで2、3分間、生地がもったりとするまで混ぜる。

6. 最後に、ゴムベラなどでボウルの底から生地全体をむらなく混ぜる。

7. ペーパーカップを敷いたカップケーキ型に、6の生地をスプーンやアイスクリームスクープなどを使って上2cmくらいを残して流し込み、175度のオーブンで20分から25分間焼く。※

8. カップケーキ型をオーブンから取り出したら、まだカップケーキが熱いうち（5分以内）に型から取り外し、ラックなどの上で冷ます。

※カップケーキの中央が盛り上がってしまう場合は、オーブンの温度を165度にし、25〜30分間焼いてください。

13

Basic Buttercream

基本のバタークリーム

カップケーキは、上に乗ったバタークリームがあって初めてカップケーキになると言っても過言ではありません。こってりとしてかなり甘いアメリカ的なバタークリームですが、病み付きになることまちがいなしです。

材料

無塩バター ……150グラム
牛乳 ……大さじ3（室温に戻しておく）
粉砂糖 ……お米の計量カップ2カップと大さじ10〜12

作り方

1. バターをボウルに入れ、電動ミキサーでクリーム状になるまで撹拌する。

2. 1に粉砂糖を加え上から牛乳を注ぎ、粉砂糖が飛び散らないように注意しながらミキサーでゆっくり混ぜる。（ナフキンなどでカバーしながら混ぜても良い）

3. 全体がなめらかになり、ねっとりとした質感になるまで混ぜる。

4. 最後にゴムベラでボウルの底から全体にムラがなくなるまで混ぜる。

point
バタークリームが柔らかすぎるようならば粉砂糖の量を足し、固すぎるようなら牛乳を少量加えて質感を調整してください。マッシュポテトのような、ねっとりとして重たい質感が理想です。

カップケーキのデコレーション

ニューヨーク仕込みの、アイシング・ナイフを使ってカップケーキの上にバタークリームを乗せる方法をご紹介しましょう。

現在出回っているカップケーキのほとんどは、絞り出し袋を使ってカップケーキの上にバタークリームを乗せていますが、アイシング・ナイフを使って一つ一つ丁寧にデコレーションするこの技を使った方が断然、手作り感があって愛らしいものに仕上がります。

誰でも最初は初心者です。慣れるまでは難しいかもしれませんが、何個か作るうちに必ずコツがつかめてきますので、根気よく練習を重ねてください。

カップケーキの上に乗せるトッピングは、スプリンクル以外にもフルーツやグミ、キャンディ、チョコレートなどお好きなものを使って楽しんで飾りつけしてみて下さい。

1. 片手でカップケーキを持ち、もう一方の手でアイシング・ナイフに適量のバタークリーム（またはアイシング）を取る。バタークリームをカップケーキに乗せ、数回優しく叩く感じでカップケーキ上に広げる。

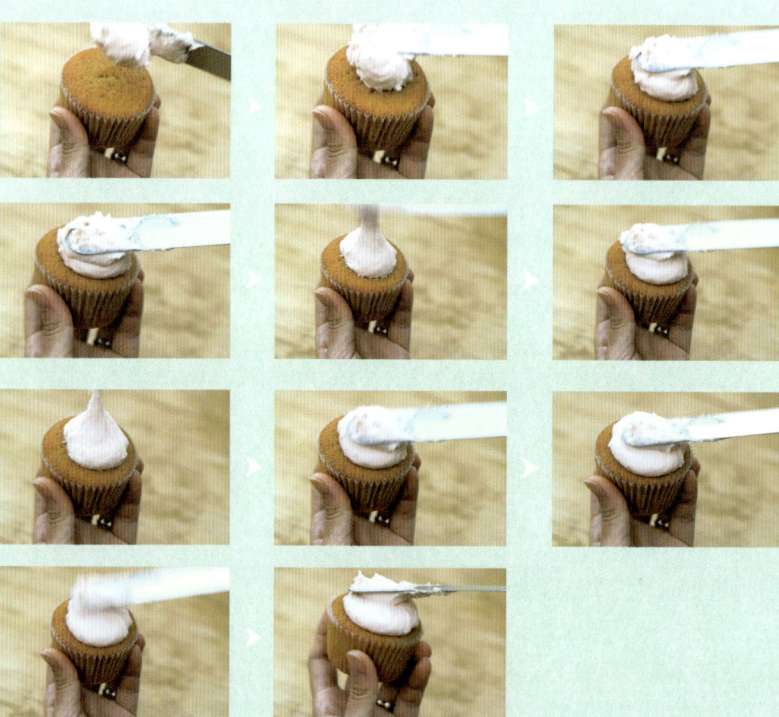

2. バタークリームが適度に広がったら、アイシング・ナイフをバタークリーム上の真ん中に置いて、中心部分から円を書きながら外側に押し出すようなイメージで広げて行く。(この時、カップケーキをアイシング・ナイフとは逆方向に回しながら動かすとスムーズ)

3. 最後に手首のスナップを効かせるイメージで、バタークリームの真ん中に角を立てる。

4. バタークリームの表面が柔らかいうちに、すぐにスプリンクルなどを振りかけて飾りつけをする。

point

一度でデコレーションをするのが難しいときは、3の後に再び少なめのバタークリームを乗せて、同じ方法で2回に分けてデコレーションして下さい。

バタークリームは、アイシング・ナイフを中心から外側に回転させながら広げることできれいなデコレーションができあがります。

右手に持ったアイシング・ナイフでバタークリームを広げている(回転させている)方向とは逆方向に、左手のカップケーキを回転させながら動かすと、スムーズにデコレーションできます。

バタークリームの表面はすぐに固くなる性質がありますので、デコレーションし終わったら、すぐにスプリンクルなどを振りかけて飾りつけをしてください。

Chapter 1

ベーシック・カップケーキ

Basic Cupcakes

カップケーキと言えば、
やはり黄金色のスポンジケーキをベースにしたカップケーキが王道。
オールドファッションでベーシックなこのカップケーキはいつでも人気のアイテムです。

Vanilla Cupcakes

バニラ・カップケーキ

黄金色のスポンジにパステルカラーのバタークリームが乗った、このカップケーキなくして
カップケーキを語ることはできません。

材料（カップケーキ15〜20個分）

基本のカップケーキ ……（12-13ページ参照）
パステル・バタークリーム ……適量
スプリンクル、シュガーフラワーなど ……適量

作り方

1. 〈基本のカップケーキ（12-13ページ）〉に、パステル・バター
   クリームを乗せる。

2. スプリンクルやシュガーフラワーなどを飾る。

パステル・バタークリーム

基本のバタークリーム ……（14-15ページ参照）
バニラエッセンス ……2、3滴
粉末着色料（赤、黄色、緑、青）……適量

a

b

c

1. 基本のバタークリームにバニラエッセンスを加え
   てハンドミキサーで混ぜておく（a）。

2. 1を4つのボウルに分ける（b）。

3. 粉末着色料の付属のスプーンに少量の着色料を
   取り、バタークリームに少しずつ加えてはハンド
   ミキサーで混ぜ、着色料を加えては混ぜを繰り返
   し、色の具合を見ながら色づけしていく（c）。

point

色づけの際は、ほんの少しずつ着色料を加えて、様子を見ながら色づけしていくこと。ごく薄め
のパステルカラーに仕上げることが理想です。
紫色のバタークリームを作る時は赤と青の着色料を、ピーチ色のバタークリームには赤と黄を
混ぜるなど、調整して沢山の色のバタークリームを作ってみると楽しいですよ。

＊ページを（パラパラ漫画のように）フリップしていただくと、デコレーションの様子がわかります。

Coffee Cupcakes

コーヒー・カップケーキ

ディナーの後のコーヒーの代わりに、風味豊かなコーヒー味の
バタークリームを乗せたコーヒー・カップケーキはいかが？

材料（カップケーキ15〜20個分）
基本のカップケーキ ……（12-13ページ参照）
コーヒーバタークリーム ……適量
コーヒービーンズ・チョコ ……適量

作り方
1. 〈基本のカップケーキ（12-13ページ）〉に、コーヒー・バタークリームを乗せる。
2. お好みでコーヒービーンズ・チョコを飾る。

コーヒー・バタークリーム

基本のバタークリーム ……（14-15ページ参照）
熱湯 ……大さじ1
インスタント・コーヒー ……小さじ2
粉砂糖 ……大さじ2〜4

1. 熱湯でインスタント・コーヒーを溶かし、冷ましておく。
2. バタークリームに1のコーヒー液を加えて、ハンドミキサーで混ぜる（a）。
3. 1のバタークリームが少し分離するので、粉砂糖を加えて更になめらかになるまでハンドミキサーで混ぜる（b）。

a　　*b*

Lemon Cupcakes

レモン・カップケーキ

バニラ・カップケーキに加えるバニラエッセンスの代わりに、レモン汁とレモンの皮を加えた爽やかなカップケーキ。上に乗せるバタークリームにも同様に、レモンの香りと酸味を効かせています。

材料（カップケーキ15〜20個分）

A（粉類）
薄力粉 ……お米の計量カップ2カップ
グラニュー糖 ……お米の計量カップ1カップと大さじ3
片栗粉 ……大さじ2
重曹 ……小さじ3/4
塩 ……小さじ1/2

B（液体類）
コーン油 ……150 cc
無脂肪ヨーグルト ……100 cc（室温に戻しておく）
低脂肪牛乳 ……50 cc（室温に戻しておく）
卵（S）……2個（室温に戻しておく）

C
レモンの皮をすり下ろしたもの ……小さじ1
レモン汁 ……大さじ2

レモン・グミ、レモンの皮をすり下ろしたもの ……適量

レモン・バタークリーム

基本のバタークリーム ……（14-15ページ参照）

A
レモン汁 ……大さじ1
レモンの皮をすり下ろしたもの ……小さじ2
粉砂糖 ……大さじ2〜4

1. バタークリームにAを加え、ハンドミキサーで混ぜる（a）。

2. 1のバタークリームが少し分離するので、粉砂糖を加えて更になめらかになるまでハンドミキサーで混ぜる（b）。

a　　　*b*

作り方

1. オーブンは175度に熱する。

2. 〈基本のカップケーキ（12-13ページ 1〜5を参照）〉を生地がもったりするまで混ぜる。

3. 2に、Cを加えて（c）、ゴムベラなどでボウルの底から全体をむらなく混ぜる〈基本のカップケーキ6を参照〉。

4. 〈基本のカップケーキ7を参照〉ペーパーカップを敷いたカップケーキ型に、3の生地をスプーンやアイスクリームスクープなどを使って上2cmくらいを残して流し込み、オーブンで20分から25分間焼く。

5. カップケーキ型をオーブンから取り出したら、まだカップケーキが熱いうち（5分以内）に型から取り外し、ラックなどの上で冷ます（d）。

6. 5にレモン・バタークリームを乗せお好みでレモングミや、レモンの皮のすり下ろしたものを飾る。

c

d

Orange Cupcakes

オレンジ・カップケーキ

バニラエッセンスの代わりに、オレンジの汁と皮を加えたもの。オレンジ・バタークリームの代わりに
チョコレート・バタークリームを乗せてもおいしくいただけます。

材料（カップケーキ15〜20個分）

A（粉類）
薄力粉 ……お米の計量カップ2カップ
グラニュー糖 ……お米の計量カップ1カップと大さじ3
片栗粉 ……大さじ2
重曹 ……小さじ3/4
塩 ……小さじ1/2

B（液体類）
コーン油 ……150 cc
無脂肪ヨーグルト ……100 cc（室温に戻しておく）
低脂肪牛乳 ……50 cc（室温に戻しておく）
卵（S）……2個（室温に戻しておく）

C（液体類）
オレンジの皮をすり下ろしたもの ……小さじ1
オレンジの汁またはオレンジジュース ……大さじ2

オレンジ・グミ、オレンジの皮をすり下ろしたもの ……適量

オレンジ・バタークリーム

基本のバタークリーム ……（14-15ページ参照）

A
オレンジの汁（オレンジジュースでも可）……大さじ1
オレンジの皮をすり下ろしたもの ……小さじ2
粉砂糖 ……大さじ2〜4

1. バタークリームにAを加え、ハンドミキサーで混ぜる（a）。

2. 1のバタークリームが少し分離するので、粉砂糖を加えて更になめらかになるまでハンドミキサーで混ぜる（b）。

a 　　　　　　　　　　　　　　b

作り方

1. オーブンは175度に熱する。

2. 〈基本のカップケーキ（12-13ページ 1〜5を参照）〉を生地がもったりするまで混ぜる。

3. 2に、Cを加えて（c）、ゴムベラなどでボウルの底から全体をむらなく混ぜる〈基本のカップケーキ6を参照〉。

4. ペーパーカップを敷いたカップケーキ型に、3の生地をスプーンやアイスクリームスクープなどを使って上2cmくらいを残して流し込み、オーブンで20分から25分間焼く〈基本のカップケーキ7を参照〉。

5. カップケーキ型をオーブンから取り出したら、まだカップケーキが熱いうち（5分以内）に型から取り外し、ラックなどの上で冷ます。

6. 5にオレンジ・バタークリームを乗せお好みでオレンジグミや、オレンジの皮のすり下ろしたものを飾る。

c

Vanilla Chocolate Cupcakes

バニラチョコ・カップケーキ

バニラカップケーキの上にチョコレート・バタークリームを乗せた、オールドファッションなカップケーキ。おいしいチョコレート・バタークリームを作るポイントは、良質のチョコレートを使うこと。カカオ60％以上のチョコレートを使うことをおすすめします。

材料

基本のカップケーキ ……（12-13ページ参照）
チョコレート・バタークリーム ……適量
スプリンクル、シュガーフラワーなど ……適量

作り方

1. 〈基本のカップケーキ（12-13ページ）〉に、チョコレート・バタークリームを乗せる。
2. スプリンクルやシュガーフラワーなどを飾る。

チョコレート・バタークリーム

無塩バター ……150グラム（室温に戻しておく）
チョコレート（カカオ60％以上の物）……100グラム
粉砂糖 ……お米の計量カップ1カップ
バニラエッセンス ……2、3滴

1. チョコレートを手で小さめに割り、水気を拭いたボウルに入れて弱火の湯煎にかける (a)。
2. チョコレートがなめらかになるまで溶けたら湯煎から外し、人肌になるまで冷ましておく。(b)。
3. バターを別のボウルに入れ、電動ミキサーでクリーム状になるまで撹拌する (c)。
4. 3に粉砂糖を加え、粉砂糖が飛び散らないように注意しながらゆっくりとハンドミキサーで混ぜる (d)。（ナフキンなどでカバーしながら混ぜても良い）
5. 4に2のチョコレートを加え、ハンドミキサーでなめらかになるまで混ぜる (e)。
6. 5にバニラエッセンスも加え、全体がなめらかになり、クリーミーな質感になるまで混ぜる (f)。
7. 最後にゴムべらでボウルの底から全体にムラがなくなるまで混ぜる (g)。

a　　　　b　　　　c　　　　d

e　　　　f　　　　g

point
チョコレート・バタークリームが柔らかすぎるようなら粉砂糖を足し、固すぎるようなら少量の牛乳を加えて質感を調整してください。

Tips

カップケーキの
ABC

お好みの物をカップケーキの生地に加えて、オリジナルのカップケーキを作ってみてください。カップケーキはアメリカが発祥。アメリカ的に大胆に肩肘を張らず、キッチンにあるものを加えるだけでいいのです。チョコレート・チップス、マシュマロ、バナナ……etc。創造力を働かせて様々なバリエーションのカップケーキを楽しんでください！

カップケーキの保存

カップケーキは焼きたてよりも、数時間、できれば一晩置いた方が生地がしっとりと落ち着きます。焼いた日から2日間はおいしく食べられます。
タッパーなどに入れるか、カップケーキを入れた箱を大きなビニール袋などに入れて、空気に触れないようにして室温で保存するのがおすすめです。冷蔵庫で保存すると乾燥して固くなってしまうのでご注意を。

バタークリーム、アイシングの保存

バタークリームとアイシング類は、冬場は室内の涼しい場所、夏場は冷蔵庫で保存しておけば1週間はおいしくいただけます。使用する前に扱いやすい柔らかさになるまで室温に戻し、ハンドミキサーでふんわりするまで撹拌してください。柔らかすぎる場合は粉砂糖を、固すぎる場合は少量の牛乳を足して質感を調整してください。

カップケーキの持ち運び

カップケーキを持ち運びする時は、箱の中で動き回らないようにきっちりとを詰める事がポイント。箱の中でカップケーキの位置を工夫してアレンジし、定位置にロックするようなイメージで箱詰めすれば、持ち運びや移動にも安心です。

マグノリア・ベーカリー®との出会い

ニューヨークの大学を卒業して、グリニッジ・ビレッジにアパートを見つけた私は、「ちゃんとした仕事」を見つけるまでのお小遣い稼ぎとして、近所の道端に机と椅子を引っ張り出して、大学時代から趣味でやっていたヘナ・アートをしてその日暮らしをしていました。

ヘナ・アートとは、ヘナという木の葉から作られた天然の染料を使って、手や足などに様々なデザインを描くという、モロッコやインドから伝わった歴史のあるボディ・アート。丁度その頃、ニューヨーカーの間で新しいトレンドとして流行していたこともあり、私はヘナ・アーティストとしてどうにか生活を支えていました。そしてひょんなことからブルック・シールズとキャメロン・ディアスにヘナ・アートをするという思いがけないチャンスにも恵まれた私は、あっという間にニューヨークという街の持つ無限大の可能性のとりこになっていました。

そんなある日、近所を散歩していると、とっても愛らしいケーキ屋さんが私の目に飛び込んできました。ウィンドウに並ぶカラフルなカップケーキ、卵とバターが焼きあがる甘い香り、くるくると上手にケーキにデコレーションを施す職人さん……。私は一瞬のうちに、そのケーキ・ショップ、マグノリア・ベーカリーに魅了されてしまったのです。

「人の体にヘナ・アートでデコレーションをしているのだから、ケーキのデコレーションだってできるはず！」とひらめき、恐る恐るそのお菓子の家に足を踏み入れました……。
そして5分後には、ピンク色のカップケーキとケーキ・デコレーターのポジションをゲットして、店を後にしていたのでした。

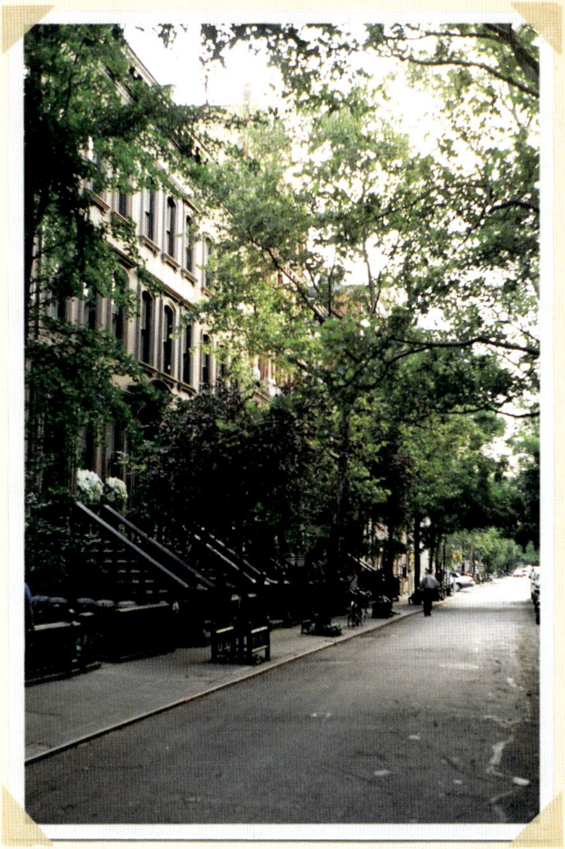

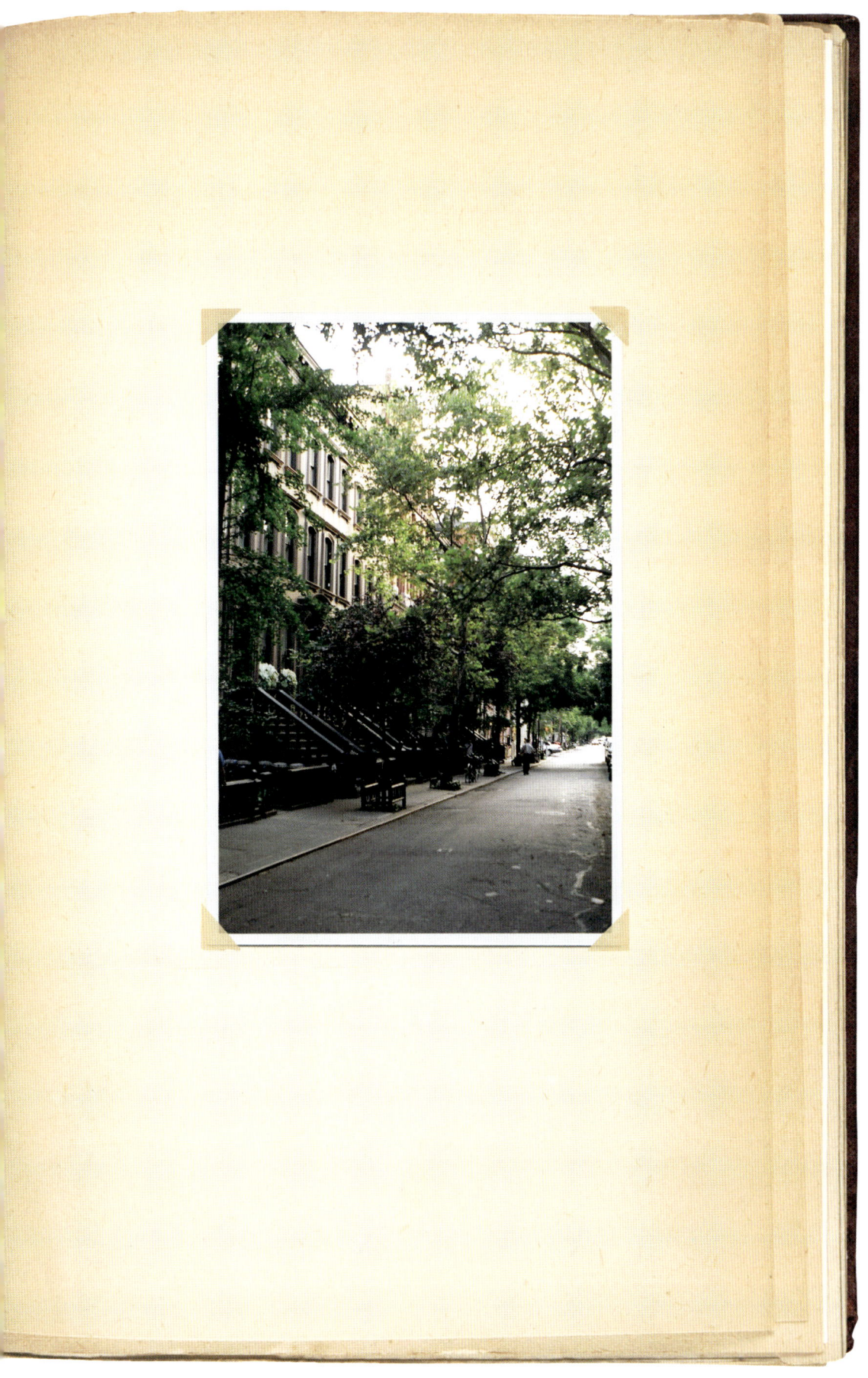

バースデー・カップケーキ

近年アメリカやイギリスでは、バースデーケーキの代わりにカップケーキでお祝いするスタイルが人気です。従来のケーキのように、切り分けたりお皿やフォークを用意する必要性がないという実用的な面と、様々な色や味のカップケーキを一度に楽しめるということがその理由。持ち運びも手軽なので、バースデープレゼントにしてもぴったり。色とりどりのカップケーキがテーブルに並ぶととても華やかで、バースデー気分も盛り上がります。

カップケーキにアルファベットを一文字ずつアイシングでデコレーションして、"HAPPY BITHDAY"というメッセージを作ったり、歳の数だけのカップケーキを用意して並べてみても楽しいですよ。

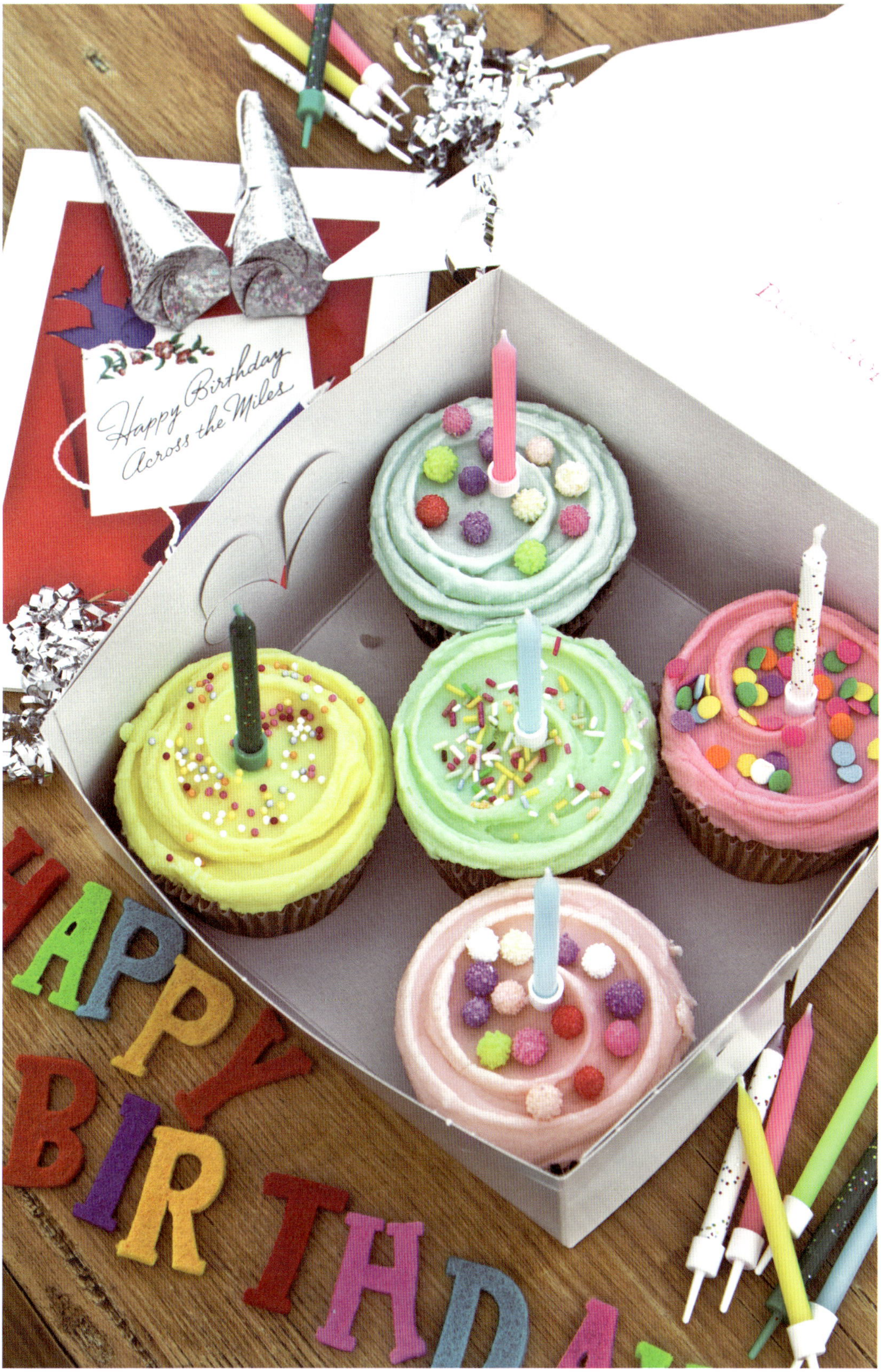
Happy Birthday
Across the Miles

Chapter 2

クリームチーズ・カップケーキ

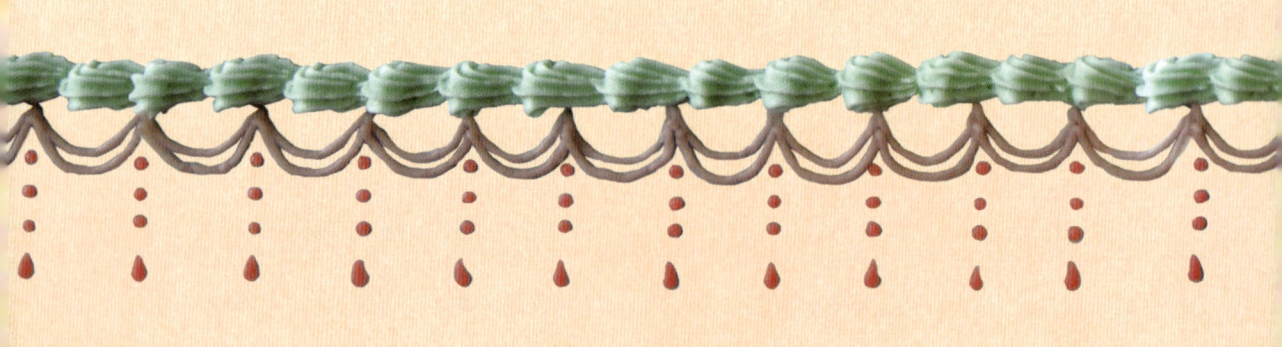

Cream Cheese Cupcakes

クリームチーズ・アイシングが乗ったカップケーキは、
チーズケーキとカップケーキを一度に食べているような味覚が楽しめる、二度おいしいアイテム。
欲張りなこのカップケーキ、ぜひお試し下さい！

Lemon Creamcheese Cupcakes

レモン・クリームチーズ・カップケーキ

爽やかなレモンとクリームチーズは絶妙のコンビネーション。
冷たい飲み物を添えてどうぞ。

材料

レモン・カップケーキ ……（24-25ページ参照）
クリームチーズ・アイシング ……適量
レモン・グミまたはレモンの皮をすり下ろしたもの ……適量

作り方

1. 〈レモンカップケーキ（24-25ページ）〉に、クリームチーズ・アイシングを乗せる。

2. お好みでレモングミや、レモンの皮をすり下ろしたものを飾る。

クリームチーズ・アイシング

無塩バター ……120グラム（室温に戻しておく）
クリームチーズ ……150グラム（室温に戻しておく）
粉砂糖 ……お米の計量カップ2カップ

1. ボウルにクリームチーズとバターを入れ、電動ミキサーでクリーム状になるまで撹拌する（a）。

2. 1に粉砂糖を加え、粉砂糖が飛び散らないように注意しながらミキサーでゆっくり混ぜる（b）。（ナフキンなどでカバーしながら混ぜても良い）

3. 全体がなめらかになり、ねっとりとした質感になるまで混ぜる（c）。

4. 最後にゴムベラでボウルの底から全体にムラがなくなるまで混ぜる。

a　*b*　*c*

point
アイシングが柔らかすぎるようなら粉砂糖の量を足し、固すぎるようならクリームチーズを少量加えて質感を調整してください。

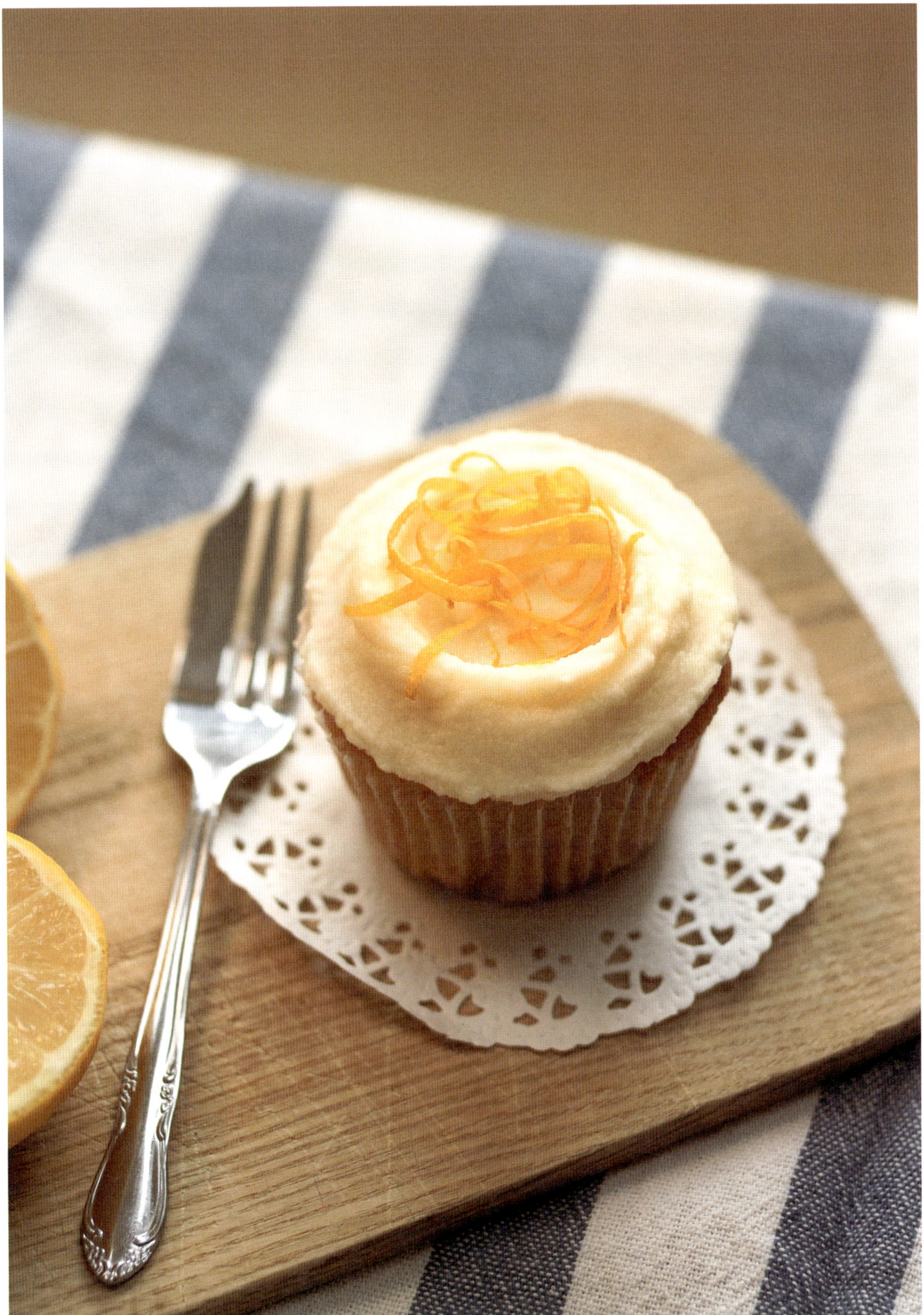

Coconut Cupcakes

ココナッツ・カップケーキ

棚の奥に眠っていたココナッツ・フレークをカップケーキの生地に加えて、クリームチーズ・アイシングを乗せてみたら、とってもおいしくて大好評。

材料（カップケーキ15〜20個分）

A 基本のカップケーキの生地（12-13ページ参照）

B ココナッツ・フレーク……大さじ5

作り方

1. オーブンは175度に熱する。

2. 〈基本のカップケーキ（12-13ページ 1〜6を参照）〉の生地全体をむらなく混ぜる（a）。

3. 2の生地にBのココナッツ・フレークを加え、ゴムベラなどでボウルの底から全体をむらなく混ぜる（b）。

4. ペーパーカップを敷いたカップケーキ型に、3の生地をスプーンやアイスクリームスクープなどを使って上2cmくらいを残して流し込み、オーブンで20分から25分間焼く〈基本のカップケーキ7を参照〉。

5. カップケーキ型をオーブンから取り出したら、まだカップケーキが熱いうち（5分以内）に型から取り外し、ラックなどの上で冷ます（c）。

6. 5にクリームチーズ・アイシング（38ページ参照）を乗せ、お好みでココナッツ・フレークを飾る。

a　　*b*　　*c*

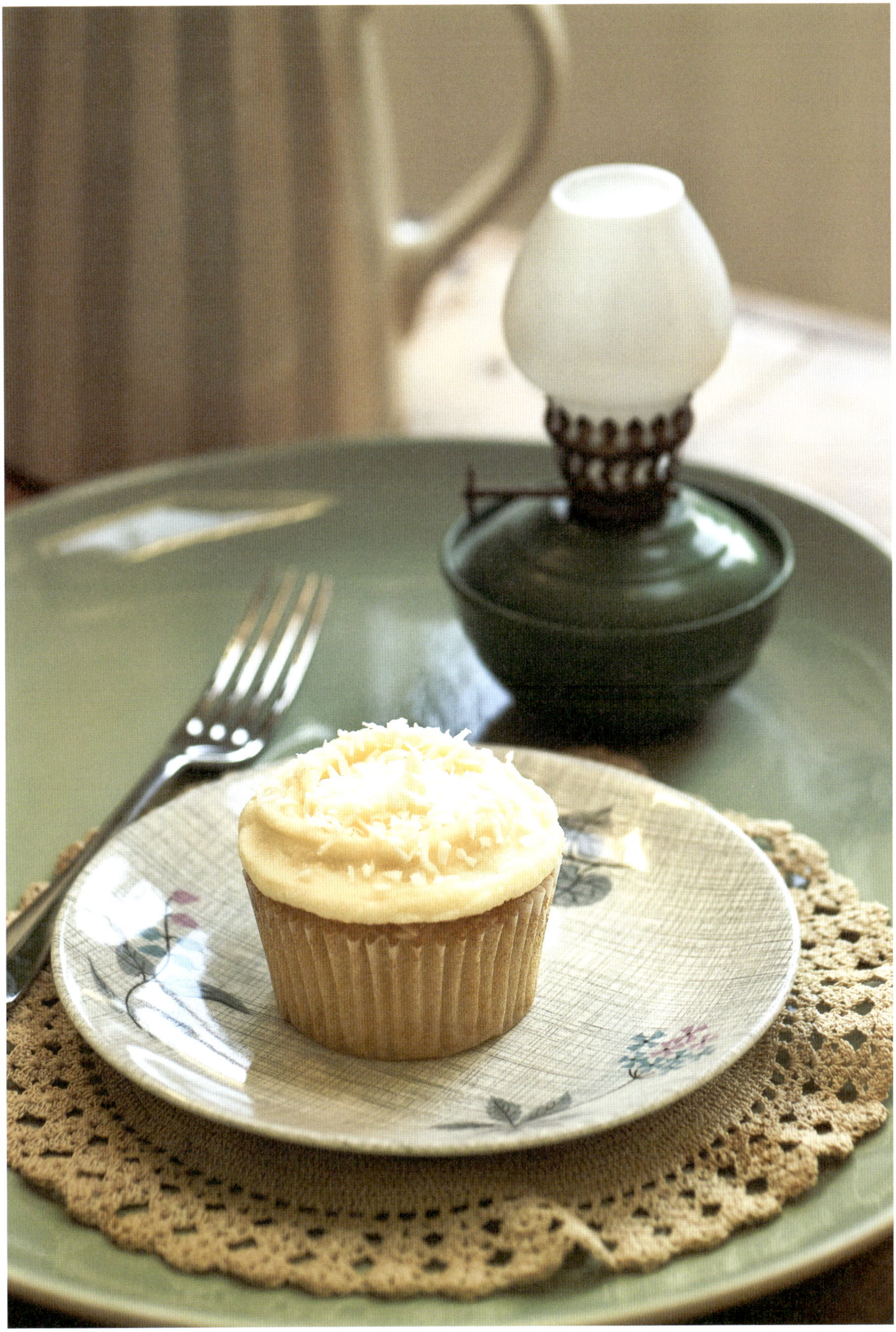

Raspberry Creamcheese Cupcakes

ラズベリー・クリームチーズ・カップケーキ

ラズベリージャムを真ん中に入れたカップケーキの上にクリームチーズ・アイシングを乗せた、ラズベリーチーズケーキ味のカップケーキです。

材料（カップケーキ15〜20個分）

A 基本のカップケーキ（12-13ページ参照）

B ラズベリージャム ……適量
　ラズベリー ……適量

作り方

1. 基本のカップケーキの真ん中を小さめのスプーンなどでくり抜き、そこにラズベリージャムを入れる（a）。
2. 1にクリームチーズ・アイシング（38ページ参照）を乗せ、お好みでラズベリーを飾る。

a

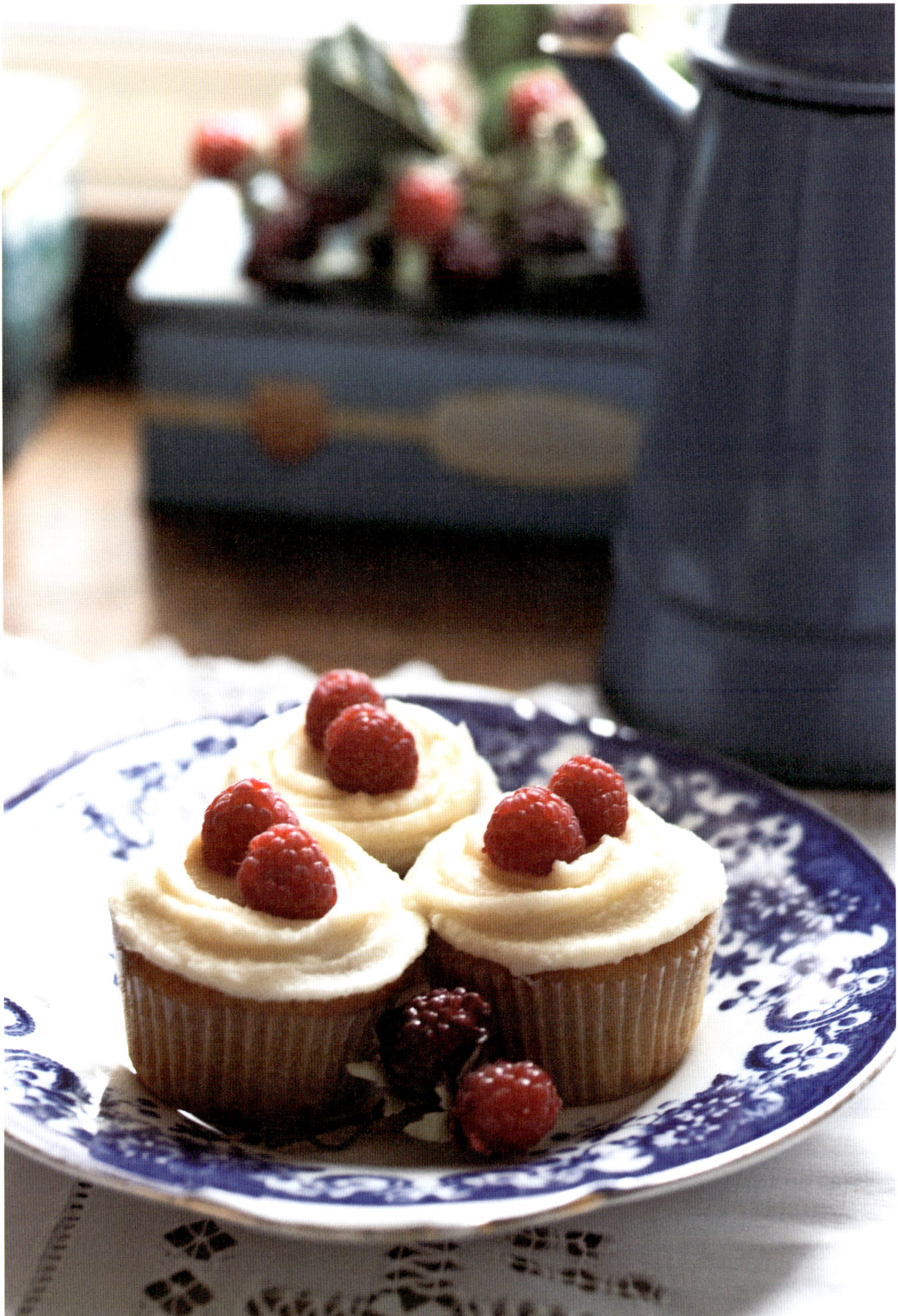

Carrot Cupcakes

キャロット・カップケーキ

アメリカ人が大好きなキャロット・ケーキを、どうにかしてカップケーキにできないかと試行錯誤の末に生まれたレシピ。クリームチーズ・アイシングをたっぷり乗せてどうぞ。

材料（カップケーキ15〜20個分）

A 基本のカップケーキの生地（12-13ページ参照）

B ニンジンをすり下ろしたもの ……200グラム分（水気は軽く絞っておく）
　パイナップル のみじん切り ……缶詰のパイナップルの輪切り1枚分（水気は軽く絞っておく）
　オレンジの皮をすり下ろしたもの ……小さじ2
　シナモン・パウダー ……小さじ1

　くるみ、ウォールナッツ ……適量

作り方

1. オーブンは175度に熱する。
2. 〈基本のカップケーキ（12-13ページ 1〜6を参照）〉の生地全体をむらなく混ぜる。
3. 2の生地にBを全て加えて、ゴムベラなどでボウルの底から全体をむらなく混ぜる（a）。
4. ペーパーカップを敷いたカップケーキ型に、3の生地をスプーンやアイスクリームスクープなどを使って上2cmくらいを残して流し込み、オーブンで20分から25分間焼く〈基本のカップケーキ7を参照〉。
5. カップケーキ型をオーブンから取り出したら、まだカップケーキが熱いうち（5分以内）に型から取り外し、ラックなどの上で冷ます（b）。
6. 5にクリームチーズ・アイシング（38ページ参照）を乗せ、お好みで砕いたウォールナッツやくるみなどを飾る。

a

b

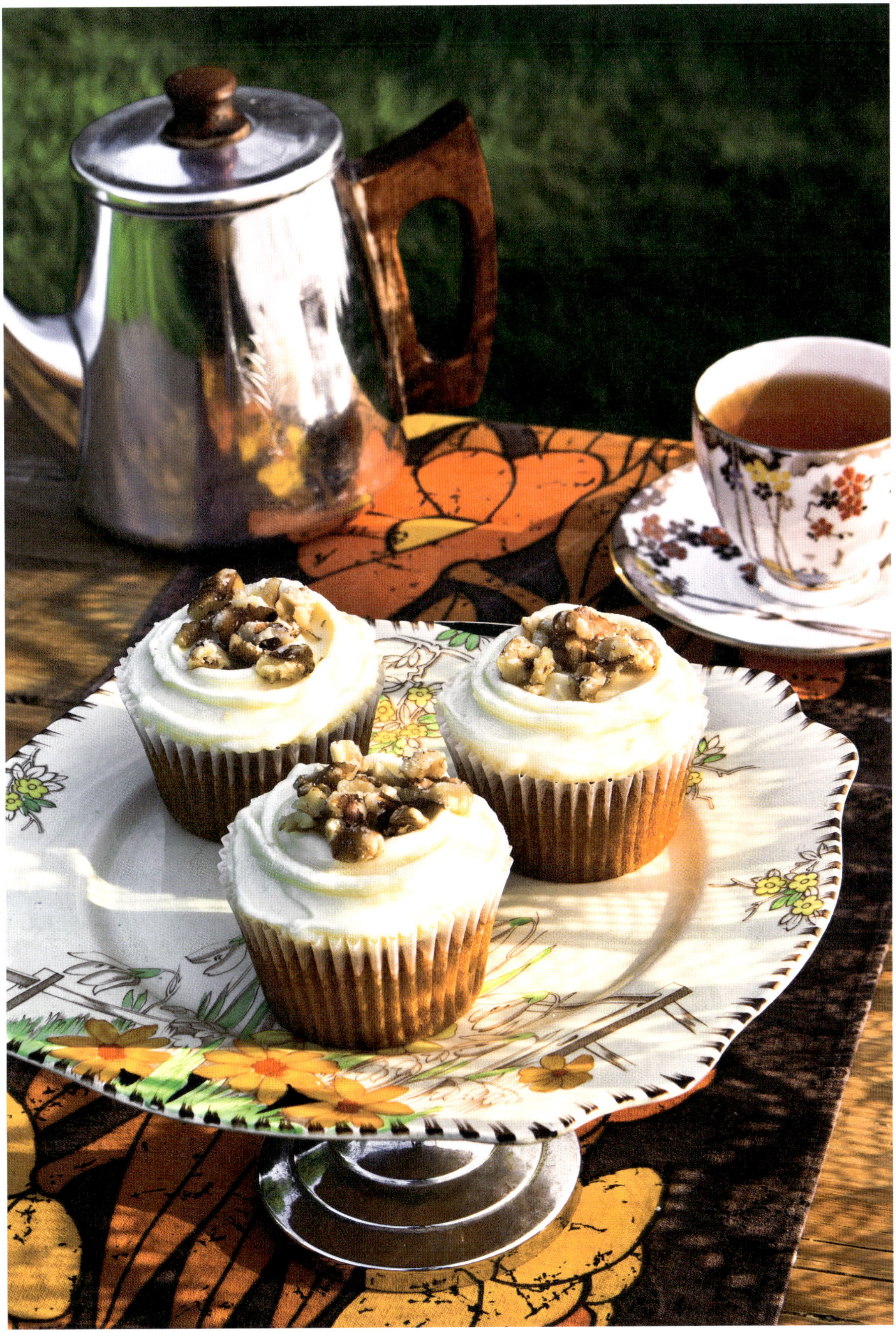

Orange Creamcheese Cupcakes

オレンジ・クリームチーズ・カップケーキ

クリームチーズ・アイシングはオレンジとも良く合います。
爽やかなコンビネーションをお楽しみ下さい。

材料

オレンジ・カップケーキ ……（26ページ参照）
クリームチーズ・アイシング ……（38ページ参照）
オレンジグミ ……適量
オレンジの皮をすりおろしたもの ……適量

作り方

1. 〈オレンジカップケーキ（26ページ）〉に、クリームチーズ・アイシングを乗せる。
2. お好みでオレンジグミや、オレンジの皮をすりおろしたもの等を飾る。

47

Tips

クリームチーズ・アイシングの
ABC

日本ではまだ馴染みが薄いようですが、クリームチーズ・アイシングはアメリカの代表的なデザートである、キャロット・ケーキやシナモン・ロールにはかかせないポピュラーなアイシングです。

クリームチーズ・アイシングの保存

クリームチーズ・アイシングは冷蔵庫で保存し、扱いやすい柔らかさになるまで室温に戻してヘラなどでかき混ぜてから使用してください。作った日から1週間はおいしくいただけます。このアイシングはバタークリームよりも柔らかく、溶けやすい性質を持っているので、夏場などはカップケーキに乗せた後、すぐにお召し上がりください。また、アイシングの性質上、持ち運びなどにはあまり向いていないのでご注意を。

＊カップケーキ以外にもクリームチーズ・アイシングの楽しみ方は沢山あります。トーストに塗ってシナモンを振りかけて食べたり、生のイチゴやラズベリーの上にかけて冷たいデザートとしてサーブしたり。チョコレート・カップケーキ（Chapter3参照）の上に乗せれば、チョコレート・チーズケーキのようなカップケーキもお楽しみいただけます。

Column

『SEX AND THE CITY』がやってきた!

マグノリア・ベーカリー®のあるWest VillageのBleecker Streetから目と鼻の先のPerry Streetに、『SEX AND THE CITY』の主人公キャリーの住む家はあります。連日のようにその付近で行われていた撮影の合間に、出演者がふらりとマグノリア・ベーカリーに立ち寄ることが多々ありました。キャリーがスタイリッシュな装いで現れたり、シャーロットとトレイが仲良く訪れたり、Mr Bigが一人でコーヒーを買いに来たり。その光景を目の当たりにする度に、まるで自分が『SEX AND THE CITY』のストーリーの中に飛び込んでしまったような錯覚に陥ったのを覚えています。

2000年のある日、『SEX AND THE CITY』の撮影がマグノリア・ベーカリーで行われることになりました。マグノリア前のベンチに座ったキャリーがミランダに、「エイダンっていう新しい好きな人ができたの！」と言いながらカップケーキを食べるあのシーン。その撮影日の私の唯一の仕事は、「キャリーの食べるパーフェクトなピンク色のカップケーキを作ること」でした。放送されたのはたったの2、3分のシーンでしたが、お店を閉店して撮影に費やしたのは丸一日。そしてその撮影中にキャリー役のサラ・ジェシカ・パーカーが食べたカップケーキの数はなんと合計20個！ 嫌な顔一つせず、あの細い体で20個のカップケーキにかぶりついていたサラに頭が下がりました。

そのシーンが放送された翌日、「West Villageのかわいいケーキ屋さん」として知られていたマグノリア・ベーカリーは、一夜にしてアメリカで一番有名なケーキ屋さんとなっていました。その日を境にカップケーキを買い求める行列の長さは連日1キロを優に超え、店内は『SEX AND THE CITY』ハトバスツアーのお客さん達でごった返し、「マグノリア・ベーカリーでカップケーキを買うこと」が、いつの間にか一種のステイタスにまでなってしまったのです。

世界中から「キャリーが食べたカップケーキ」を求めてマグノリア・ベーカリーを訪れる女性たちは、10年経った今でも絶えることはありません。

HBO and Sex and the City® are service marks of Home Box Office, Inc. CBS and related marks are trademarks of CBS Broadcasting Inc. All Rights Reserved. TM,® & Copyright 2009 by Paramount Pictures. All Rights Reserved.

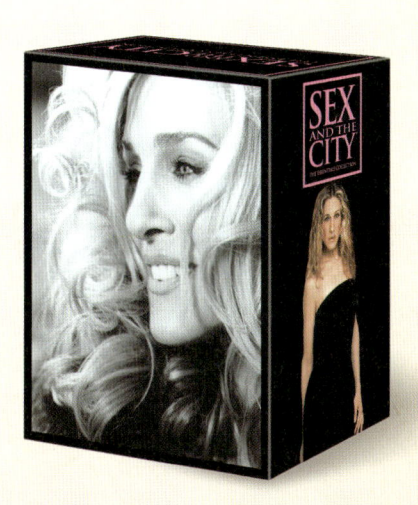

SEX AND THE CITY エッセンシャルコレクション BOX
セカンド・エディション
パラマウント ジャパン
¥33,600（税込） 発売中

ウェディング・カップケーキ

バースデー・ケーキと同じく、海外ではウェディング・ケーキもカップケーキでお祝いするスタイルが大人気。従来のウェディング・ケーキのようにタワー型にカップケーキを積み重ねるスタイルのウェディング・ケーキは、特にガーデン・ウェディングで人気があります。私も今までに何回もウェディング・カップケーキのオーダーを受けました。カップケーキと一緒に沢山のお花をアレンジして飾り付ければ、とても華やかなウェディング・カップケーキ・タワーができあがります。

このカップケーキ・タワー、一番上の段に小さなケーキを乗せれば、ケーキカットもできるという優れもの。日本の結婚式でもウェディング・カップケーキが一般的になる日も近いかもしれません。

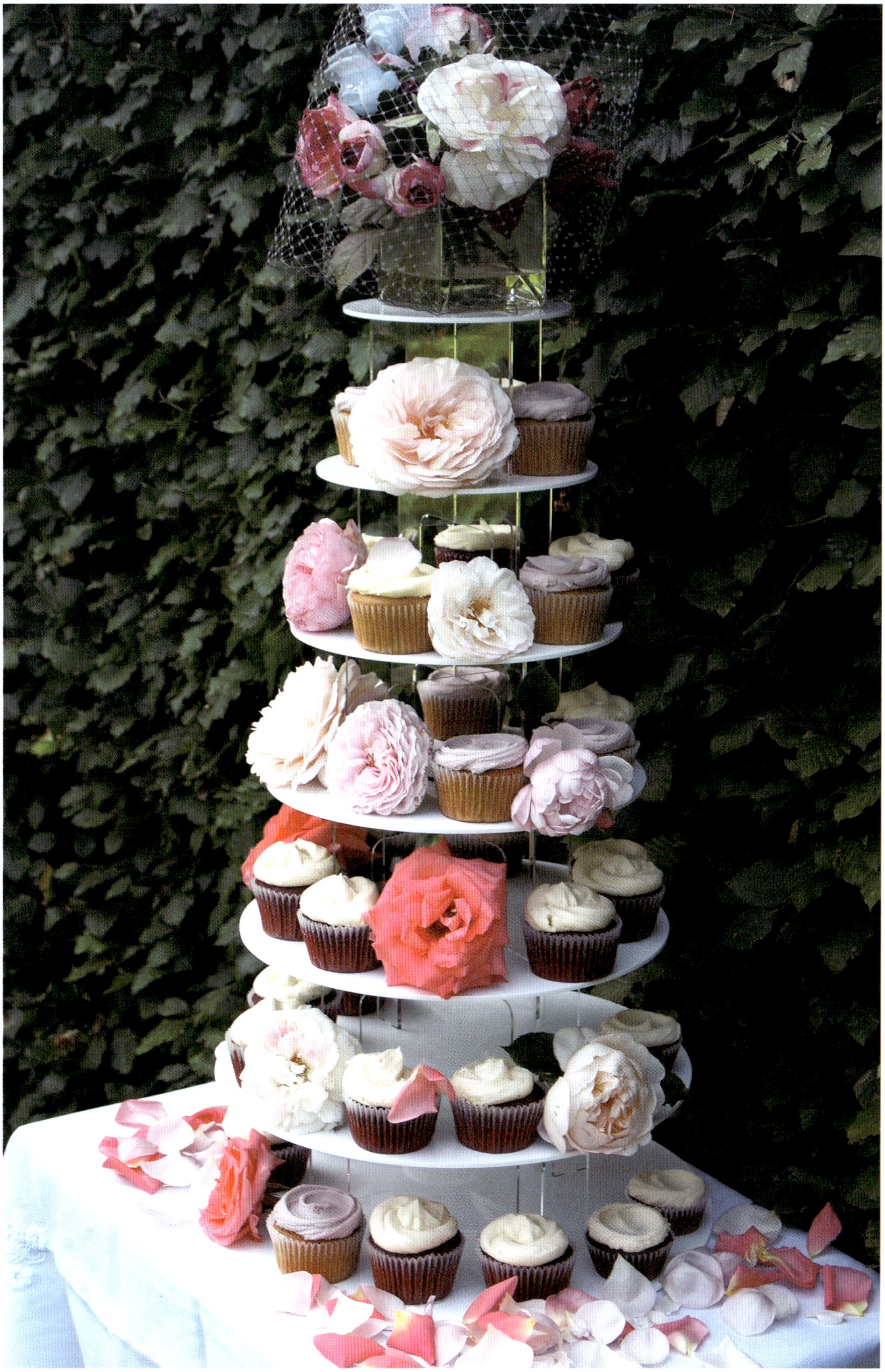

Chapter 3

チョコレート・カップケーキ

Chocolate Cupcakes

甘さ控えめでしっとりしたチョコレート・カップケーキは、
子供にも大人にも大人気。上に乗せるアイシングによって
様々なバリエーションが楽しめます。

Basic Chocolate Cupcakes

基本のチョコレート・カップケーキ

チョコレート味のカップケーキも、生地にココア・パウダーを加えるだけという手軽な方法で作れるのがポイント。 隠し味にコーヒーを加えることで、ぐっと深みのある味になります。

材料（カップケーキ12〜15個分）

A （粉類）
薄力粉 ……お米の計量カップ1カップと大さじ6
グラニュー糖 ……お米の計量カップ1カップと大さじ5
ココアパウダー ……大さじ5
重曹 ……小さじ1/2
塩 ……小さじ1/2

B （液体類）
コーン油 ……150 cc
無脂肪ヨーグルト ……80 cc（室温に戻しておく）
低脂肪牛乳 ……50 cc（室温に戻しておく）
卵（S） ……1個（室温に戻しておく）
バニラエッセンス ……2、3滴

C
熱湯 ……大さじ1
インスタント・コーヒー ……小さじ1

※あわせてコーヒーを作る

作り方

1. オーブンは175度に熱する。

2. Aの粉類をすべて合わせて2回ほど振るいにかけたものを、大きめのボウルに移す。

3. Bの液体類も全て合わせてボウルやジャグなどに入れておく。

4. 2のボウルに、少しずつ3の液体類を注ぎ入れながら、ハンドミキサーの「弱」のスピードで混ぜ始める。

5. 3の液体類を全て加えたら、ハンドミキサーの「中」のスピードで2、3分間、生地がもったりとするまで混ぜる。

6. 5に、Cのコーヒーを熱いまま加えて、ゴムベラなどでボウルの底から全体をむらなく混ぜる。

7. ペーパーカップを敷いたカップケーキ型に、6の生地をスプーンやアイスクリームスクープなどを使って、型の半分くらいまで（バニラ・カップケーキより膨らみます）流し込み、オーブンで20分から25分間焼く。

8. カップケーキ型をオーブンから取り出したらまだカップケーキが熱いうち（5分間以内）に型から取り外し、ラックなどの上で冷ます。

Double Chocolate Cupcakes

ダブルチョコレート・カップケーキ

チョコレート・カップケーキの上にチョコレート・バタークリームを乗せたカップケーキは、チョコレート好きにはたまらない究極のデザート。バレンタインのプレゼントにもぴったりです。

材料

チョコレート・カップケーキ ……（56-57ページ参照）
チョコレート・バタークリーム ……適量（28ページ参照）
チョコレート・トリュフ ……適量

作り方

1. 〈チョコレート・カップケーキ（56-57ページ）〉に、チョコレート・バタークリームを乗せる。
2. お好みでチョコレート・トリュフなどを飾る。

59

Chocolate Mint Cupcakes

チョコミント・カップケーキ

「チョコレート・カップケーキの上にミント味のアイシングを乗せて
チョコミント・カップケーキを作って！」という夫からのリクエストによって誕生した、
チョコミント・カップケーキ。

材料（チョコレート・カップケーキ12～15個分）
基本のチョコレート・カップケーキ ……（56-57ページ参照）
ミント・バタークリーム ……適量
スプリンクル、シュガーフラワー ……適量

作り方
1. 〈基本のチョコレート・カップケーキ（56-57ページ）〉に、ミント・バタークリームを乗せる。
2. スプリンクルやシュガーフラワーなどで飾る。

ミント・バタークリーム

基本のバタークリーム ……（15ページ参照）
緑色の着色料 ……少々
ミント・エッセンス ……2、3滴

1. バタークリームに緑色の着色料を少しずつ振り入れて、好みの緑色に着色する（a）。
2. 1のバタークリームに、ミント・エッセンスも加え、なめらかになるまでハンドミキサーで混ぜる（b）。

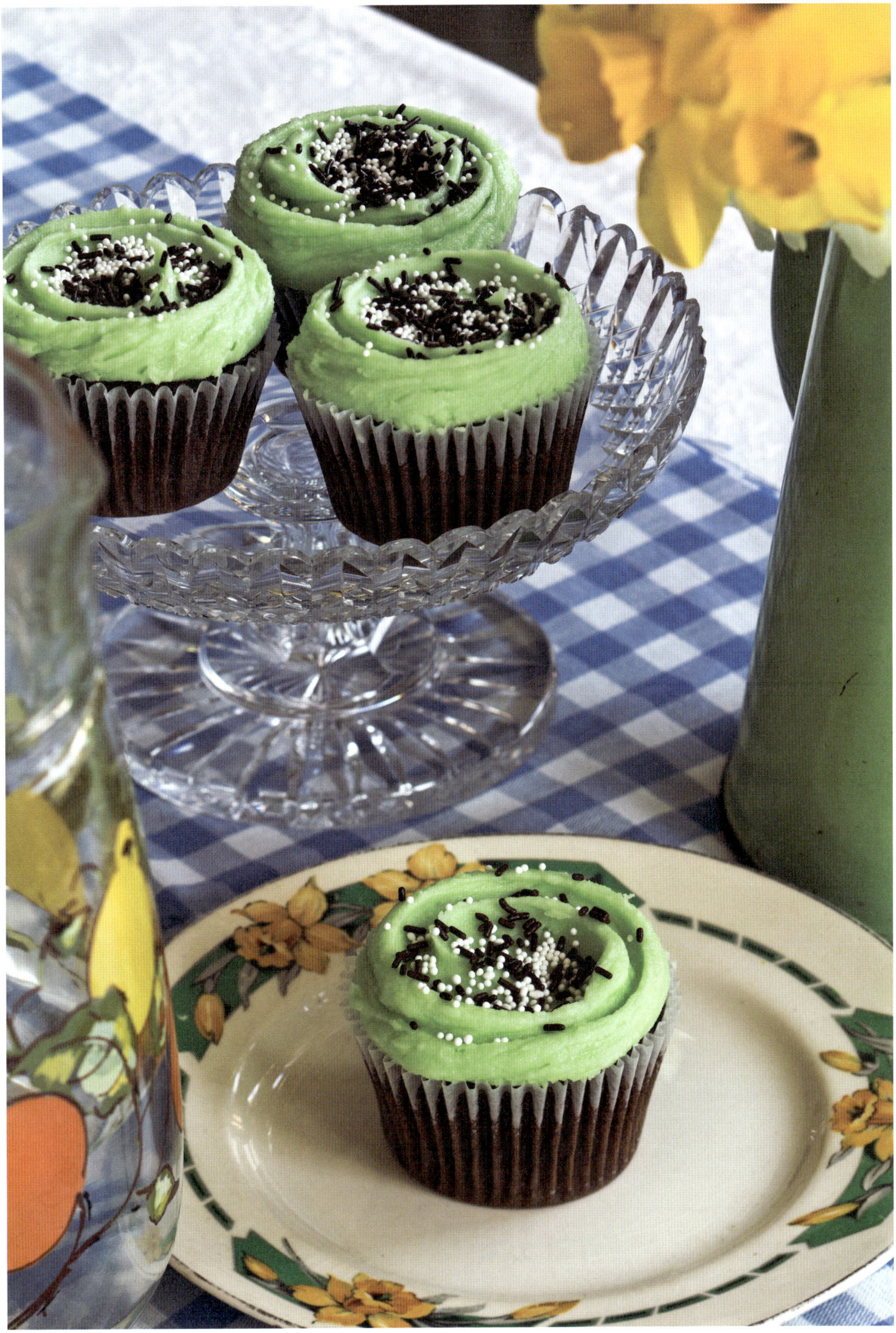

Raspberry Chocolate Cupcakes

ラズベリーチョコレート・カップケーキ

チョコレートと相性の良いラズベリーを、どうしても一緒にしたくて思いついたカップケーキ。コーヒーととても良く合います。

材料（チョコレート・カップケーキ12〜15個分）

基本のチョコレート・カップケーキ ……（56-57ページ参照）
ラズベリージャム ……適量
チョコレート・バタークリーム ……適量
ラズベリー……適量

作り方

1. 〈基本のチョコレート・カップケーキ（56-57ページ）〉の真ん中を小さめのスプーンなどでくり抜き、そこにラズベリージャムを入れる（a）。

2. 上にチョコレート・アイシングを乗せ、ラズベリーを飾る。

a

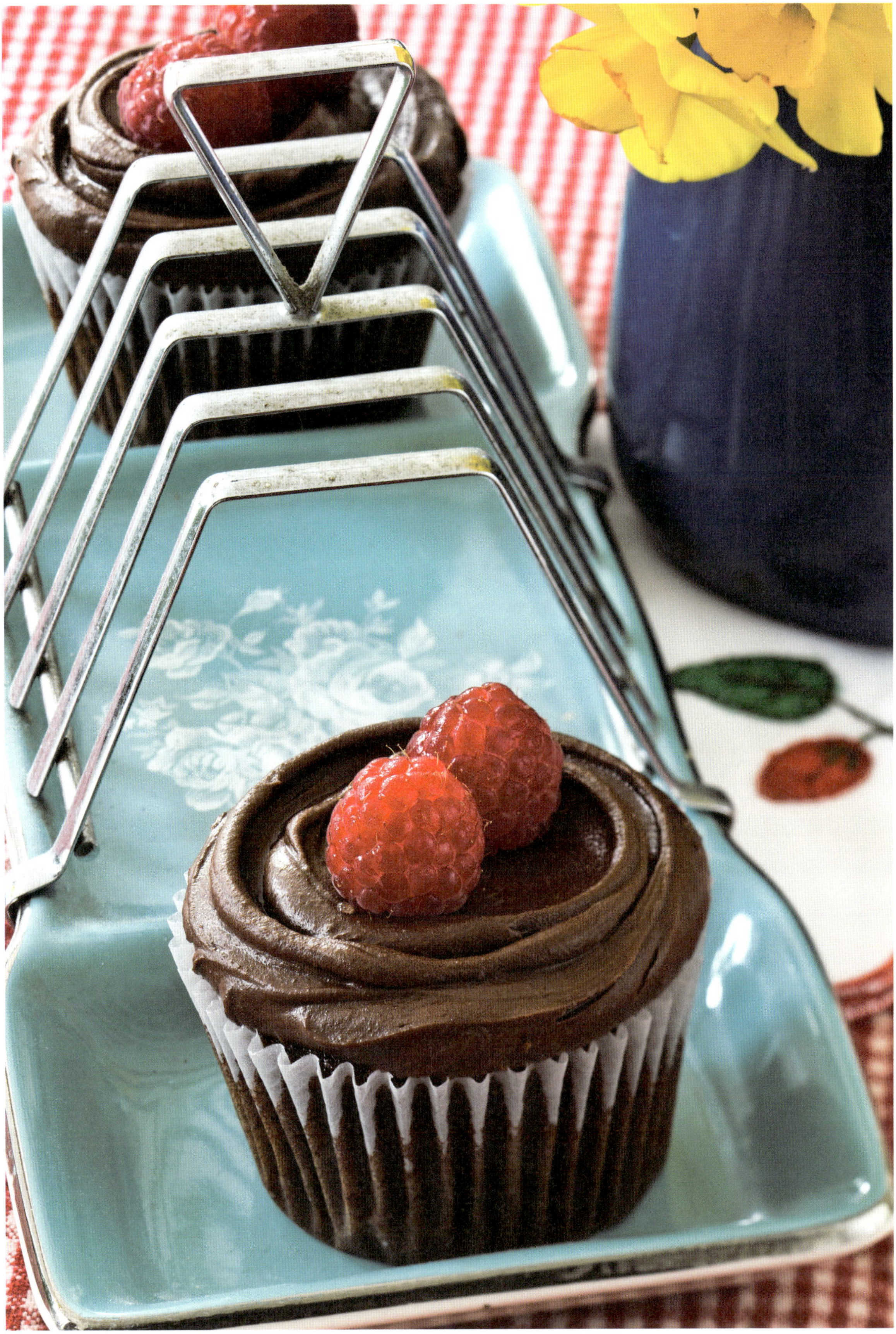

Mocha Cupcakes

モカ・カップケーキ

チョコレート・カップケーキの上にコーヒー・バタークリームを乗せたカップケーキ。ちょっと大人の味です。コーヒーと一緒にお召し上がりください。

材料
基本のチョコレート・カップケーキ ……（56-57ページ参照）
コーヒー・バタークリーム ……適量（22ページ参照）
コーヒービーンズ・チョコ ……適量

作り方
1. 〈チョコレート・カップケーキ（56-57ページ）〉に、コーヒー・バタークリームを乗せる。
2. お好みでコーヒービーンズ・チョコなどを飾る。

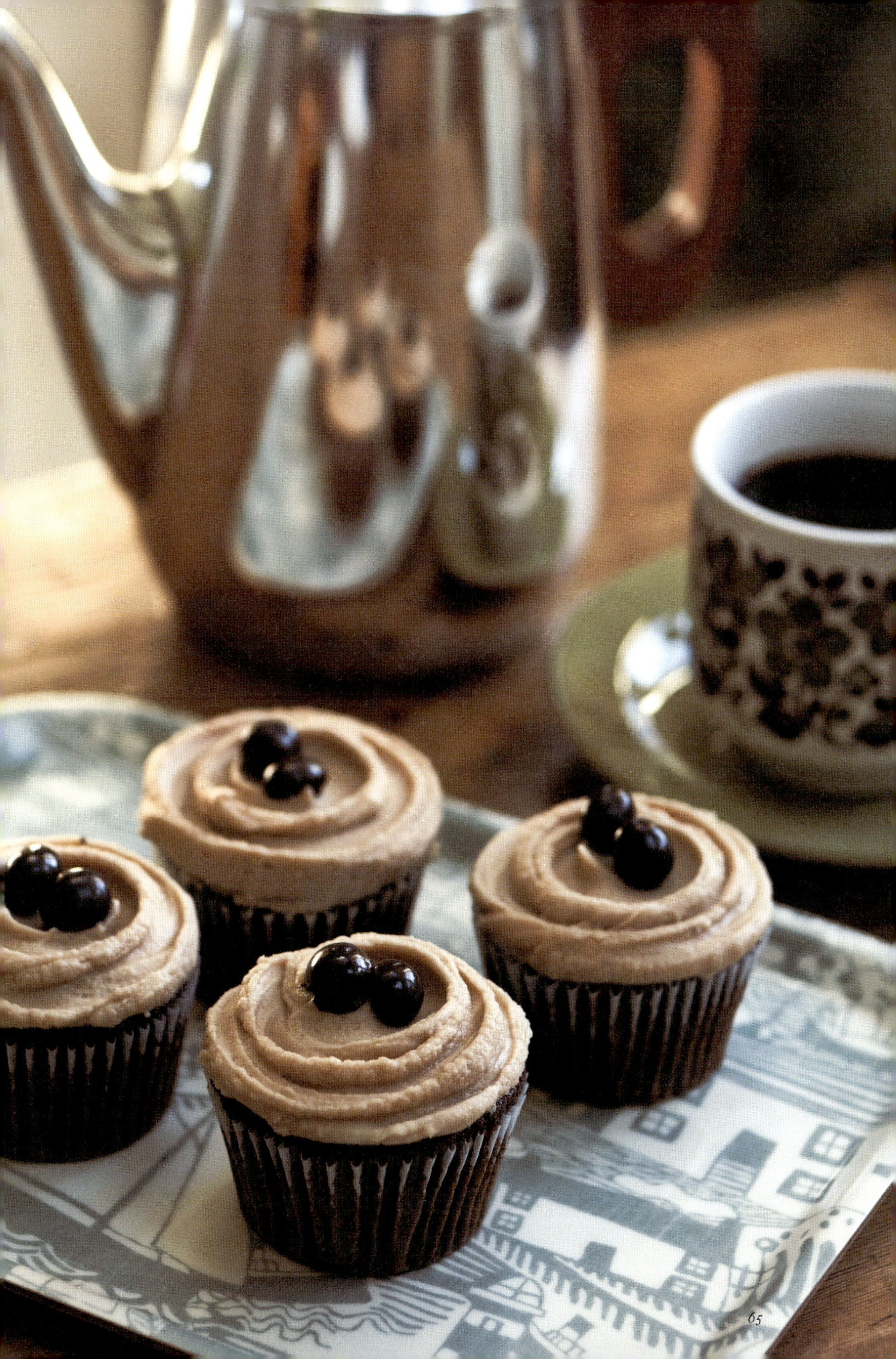

Chocolate Vanilla Cupcakes

チョコバニラ・カップケーキ

チョコレート・カップケーキの上にバタークリームを乗せたカップケーキ。
映画『プラダを着た悪魔』にも登場しました。

材料
基本のチョコレート・カップケーキ ……(56-57ページ参照)
パステル・バタークリーム ……適量(20ページ参照)
スプリンクル、シュガーフラワー ……適量

作り方
1. 〈チョコレート・カップケーキ(56-57ページ)〉に、パステル・バタークリームを乗せる。
2. スプリンクルやシュガーフラワーを飾る。

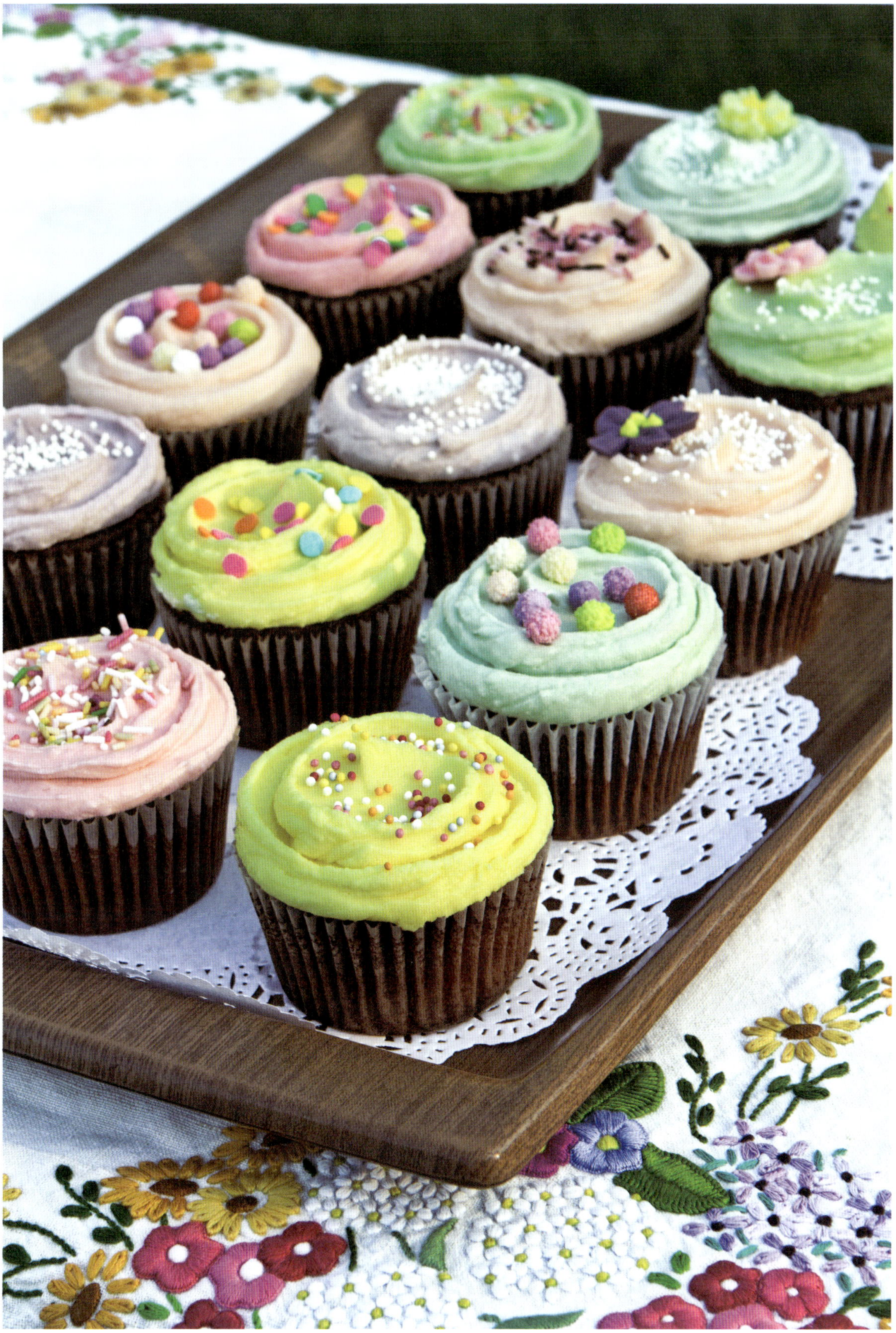

Tips

チョコレート・カップケーキの
ABC

私のチョコレート・カップケーキは、生地にココア・パウダーを加えるだけというお手軽なレシピ。オレンジやストロベリー、クリームチーズなどとも相性が良いので、生地の中にマーマレードやストロベリージャムを入れたり、オレンジ・バタークリームやクリームチーズ・アイシング、またはホイップド・アイシング（76p参照）を乗せても美味しくいただけます。

ココア・パウダー

なるべく純度の高い、良質で砂糖の加えられていない純粋なココア・パウダーを使用する事をおすすめします。

焼き方

チョコレート・カップケーキは基本のカップケーキよりも膨らみますので、生地をカップケーキ型に流し込む際には少なめに、型の半分くらいの量を入れて調整して下さい。

Column

プラダを着たカップケーキ

数年前に大ヒットした、ニューヨークが舞台のスタイリッシュな映画『プラダを着た悪魔』。この映画のヒロインの彼氏、ネイト役を演じたエイドリアンとは15年来の友人です。事あるごとにマグノリア・ベーカリー®にふらっと立ち寄っては、カップケーキをおねだりしていった彼。そしてそのエイドリアンが店を去った途端、お決まりのように「ちょっとサツキ、あの俳優と一体どういう知り合い!?」とマグノリア中のスタッフに詰め寄られたものでした。

実はこの『プラダを着た悪魔』の中でも、マグノリア・ベーカリーのカップケーキが登場するのです。ヒロインのアン・ハサウェイが「今日はネイトの誕生日だから、マグノリア・ベーカリーのカップケーキを買って帰るの」というその場面。そしてヒロインはマグノリアのカップケーキにキャンドルを立てて、エイドリアンの演じるネイトの待つ家に帰るのですが、よく目を凝らして見てみるとそのカップケーキは、エイドリアン自身が一番好きでよく食べていた、チョコレート・カップケーキの上にバタークリームの乗ったカップケーキなのです。このお茶目なディテールを発見した時、私は思わず微笑んでしまいました。

日本ではまだ無名だけれど、アメリカでは既にセレブリティとしての地位を確立しているエイドリアン。この映画のギャラで、お母さんに家を買ってあげたと嬉しそうに話してくれました。マグノリア・ベーカリーで彼にあげた沢山のカップケーキの出世返しを、私も待っている今日この頃なのです。

20世紀フォックス ホームエンターテイメント ジャパン
©2010 Twentieth Century Fox Home Entertainment LLC.
All Rights Reserved.

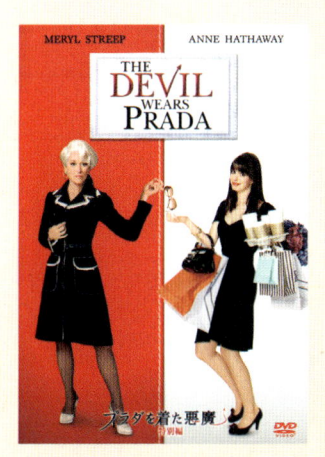

プラダを着た悪魔
20世紀フォックス ホームエンターテイメント ジャパン
￥13,125（税込） レンタル中

クリスマスとバレンタイン

クリスマスは一年で一番カップケーキが売れる時期。白いアイシングの乗ったカップケーキの上に、ヒイラギのデコレーションを乗せるのが私のクリスマス・カップケーキのスタイルです。緑、赤、白のクリスマス・カラーのカップケーキ達は、クリスマス気分を盛り上げる素敵なプレゼントにもなります。そして大人数のパーティには、沢山のカップケーキをクリスマス・ツリーの形にテーブルに並べて、カップケーキ・クリスマス・ツリーを作っても喜ばれます。

バレンタインにはもちろんチョコレートカップケーキが一番人気ですが、情熱的に真っ赤なレッドベルベット・カップケーキもこの特別な日にぴったり。どちらもハート形のスプリンクルやチョコレートを乗せて演出します。

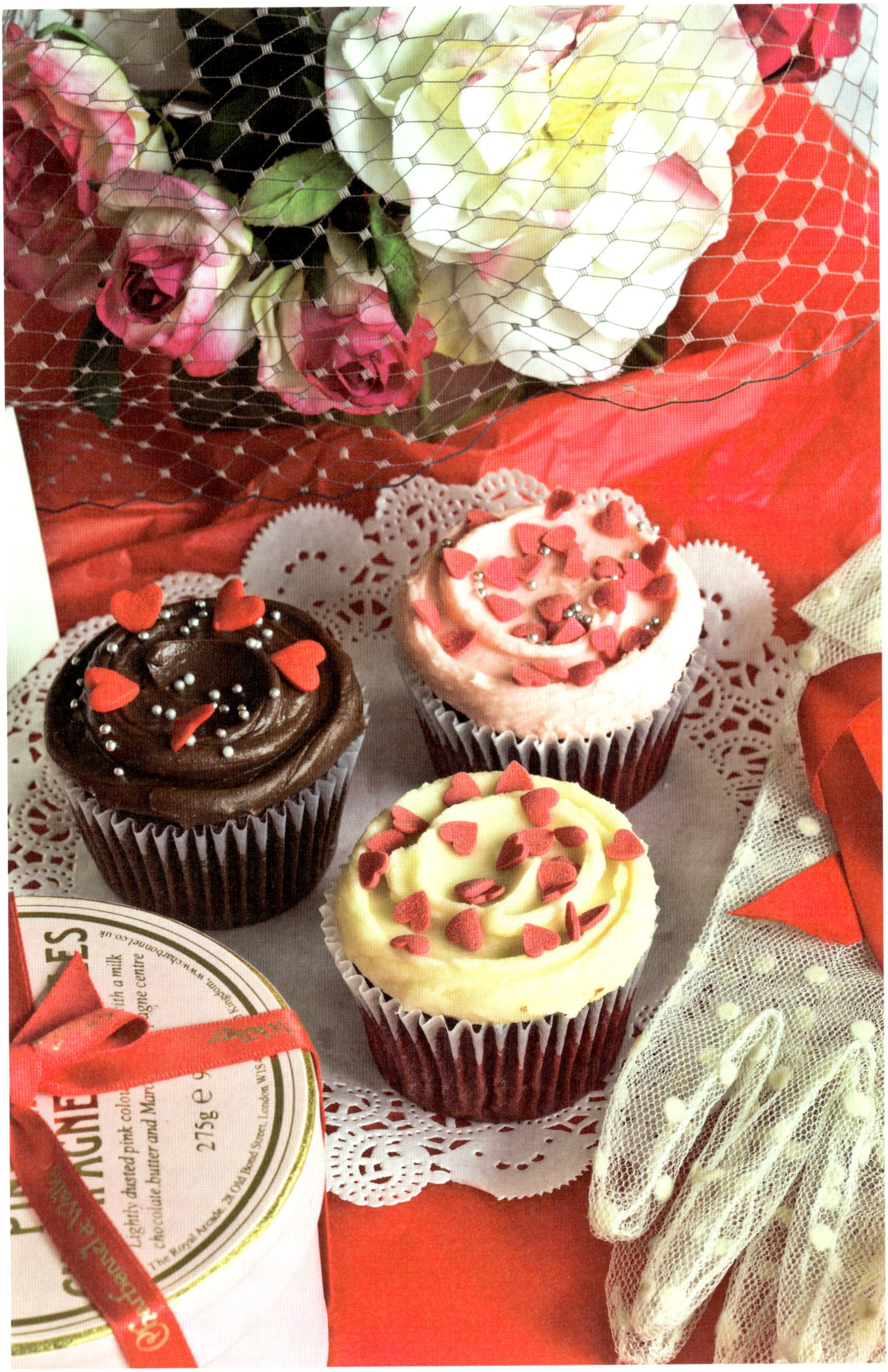
Lightly dusted pink
chocolate, butter and
275g

Chapter 4

スペシャル・カップケーキ

Special Cupcakes

ちょっぴりひねりを利かせた特別なカップケーキをご紹介しましょう。

Green Tea Cupcakes

抹茶カップケーキ

どうしても和風のデザートが食べたくなって、即席で作ってみた抹茶カップケーキ。甘さ控えめで上品な味に仕上がりました。お好みであずきをトッピングしても◎。

材料（カップケーキ15〜20個分）

A （粉類）
基本のカップケーキの生地 …… (12-13ページ参照)

B （液体類）
抹茶パウダー ……大さじ5
シナモンパウダー ……小さじ1

C
抹茶パウダー ……適量

作り方

1. オーブンは175度に熱する。
2. 〈基本のカップケーキ（12-13ページ 1〜5を参照）〉を生地がもったりするまで混ぜる。
3. 2に、Bの抹茶パウダーとシナモンパウダーを混ぜ(a)、ゴムベラなどでボウルの底から全体をむらなく混ぜる(b)〈基本のカップケーキ6を参照〉。
4. ペーパーカップを敷いたカップケーキ型に、3の生地をスプーンやアイスクリームスクープなどを使って、上2cmくらいを残して流し込み (c)、オーブンで20分から25分間焼く。
5. カップケーキ型をオーブンから取り出したら、まだカップケーキが熱いうち（5分以内）に型から取り外し、ラックなどの上で冷ます (d)。
6. 5にホイップド・アイシングを乗せ、お好みでCの抹茶パウダーを振りかける。

a *b*
c *d*

ホイップド・アイシング

ホイップド・アイシングは、基本のバタークリームよりも軽くて甘さも控えめ。牛乳と小麦粉で作ったホワイトソースを加えるというユニークなレシピです。ポイントは、質感がもこもこしたホイップド・クリームのようになるまで十分に撹拌すること。ふんわりとしてコクのあるこのアイシングは、私のお気に入りです。

A ┌ 牛乳 ……120cc
　└ 小麦粉 ……大さじ1と1/2 （あらかじめ振るっておく）

無塩バター ……120グラム（室温に戻しておく）
グラニュー糖 ……大さじ9
バニラエッセンス……2、3滴

1. Aを小さめの鍋に合わせて入れ、弱火にかけてダマができないように泡立て器で絶えずかき混ぜながら熱する(e)。
2. 1がどろっとしたクリーム状になるまで熱したら、火から下ろし、表面に膜が張らないようにグラシン紙等を直接ホワイトソースの上に乗せて冷ましておく(f)。
3. 別のボウルにバターを入れ、ハンドミキサーでクリーム状になるまで撹拌する(g)。
4. 3のボウルに、グラニュー糖を少しずつ加えながら絶えずハンドミキサーで混ぜ、全体が白っぽくふんわりとするまで2、3分間撹拌する(h)。
5. 2のホワイトソースが完全に冷めたら、グラシン紙をはがして4のボウルに加え、バニラエッセンスも加えてハンドミキサーで混ぜ始める(i)。
6. 5の質感がもこもことしたホイップド・クリーム状になるまで、2、3分間ハンドミキサーで撹拌を続ける (j)。
7. 最後にゴムベラでボウルの底から全体にムラがなくなるまで混ぜる(k)。

e *f*
g *h*
i *j* *k*

point

ホワイトソースは、かなり濃厚にどろっとするまで熱すること。バターを撹拌しながらグラニュー糖を加える時は、少しずつゆっくりと。バターにホワイトソースを加えた後、ハンドミキサーで撹拌を続けると、ある瞬間にクリームの質感がもこもことしたものに変わるので、それまで根気よく泡立て続けてください。ホイップド・アイシングは保存が利かないので、作ったその日にお召し上がりください。

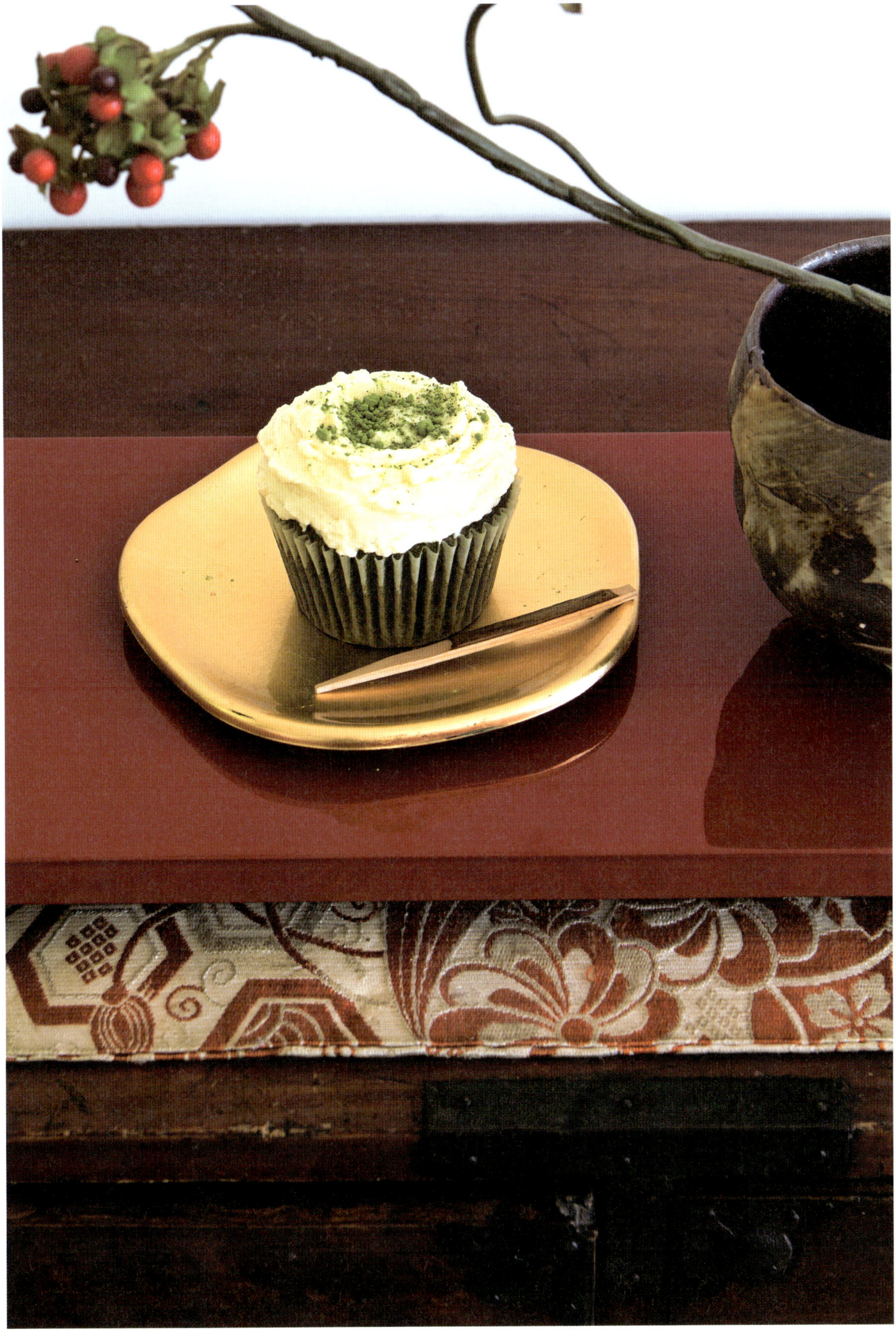

Cookies & Cream Cupcakes

クッキー&クリーム・カップケーキ

アイスクリームの定番、クッキー&クリーム。
カップケーキにしてみてはどうかと思って試作してみたところ、とてもおいしくでき上がりました。

材料（カップケーキ15〜20個分）

A 基本のカップケーキの生地（12-13ページ参照）

B オレオ ……5〜7枚

作り方

1. オーブンは175度に熱する。
2. 〈基本のカップケーキ（12-13ページ 1〜6を参照）〉の生地全体をむらなく混ぜる。
3. Bのオレオをビニール袋に入れて、すりこぎなどで叩いて砕く（a）。
4. 2の生地に3を混ぜ、ゴムベラなどでボウルの底から全体をむらなく混ぜる（b）。
5. ペーパーカップを敷いたカップケーキ型に、4の生地をスプーンやアイスクリームスクープなどを使って上2cmくらいを残して流し込み、オーブンで20分から25分間焼く〈基本のカップケーキ7を参照〉。
6. カップケーキ型をオーブンから取り出したら、まだカップケーキが熱いうち（5分以内）に型から取り外し、ラックなどの上で冷ます（c）。
7. 6にホイップド・アイシング（76ページ参照）を乗せ、砕いたオレオをお好みで飾る。

a *b* *c*

79

Strawberries & Cream Cupcakes

ストロベリー & クリーム・カップケーキ

昔ながらのいちごとクリームのコンビネーションを、どうしてもカップケーキで再現したくて思いついたこのレシピ。おいしい紅茶と一緒に召し上がってください。

材料（カップケーキ15〜20個分）

A 基本のカップケーキ（12-13ページ参照）

B ストロベリージャム ……適量
　いちご ……適量

作り方

1. カップケーキの真ん中を小さめのスプーンなどでくり抜き、そこにストロベリージャムを入れる（a）。
2. 1にホイップド・アイシングを乗せ、お好みでいちごを飾る（b）。

a　　　　　　　　　　　　　　*b*

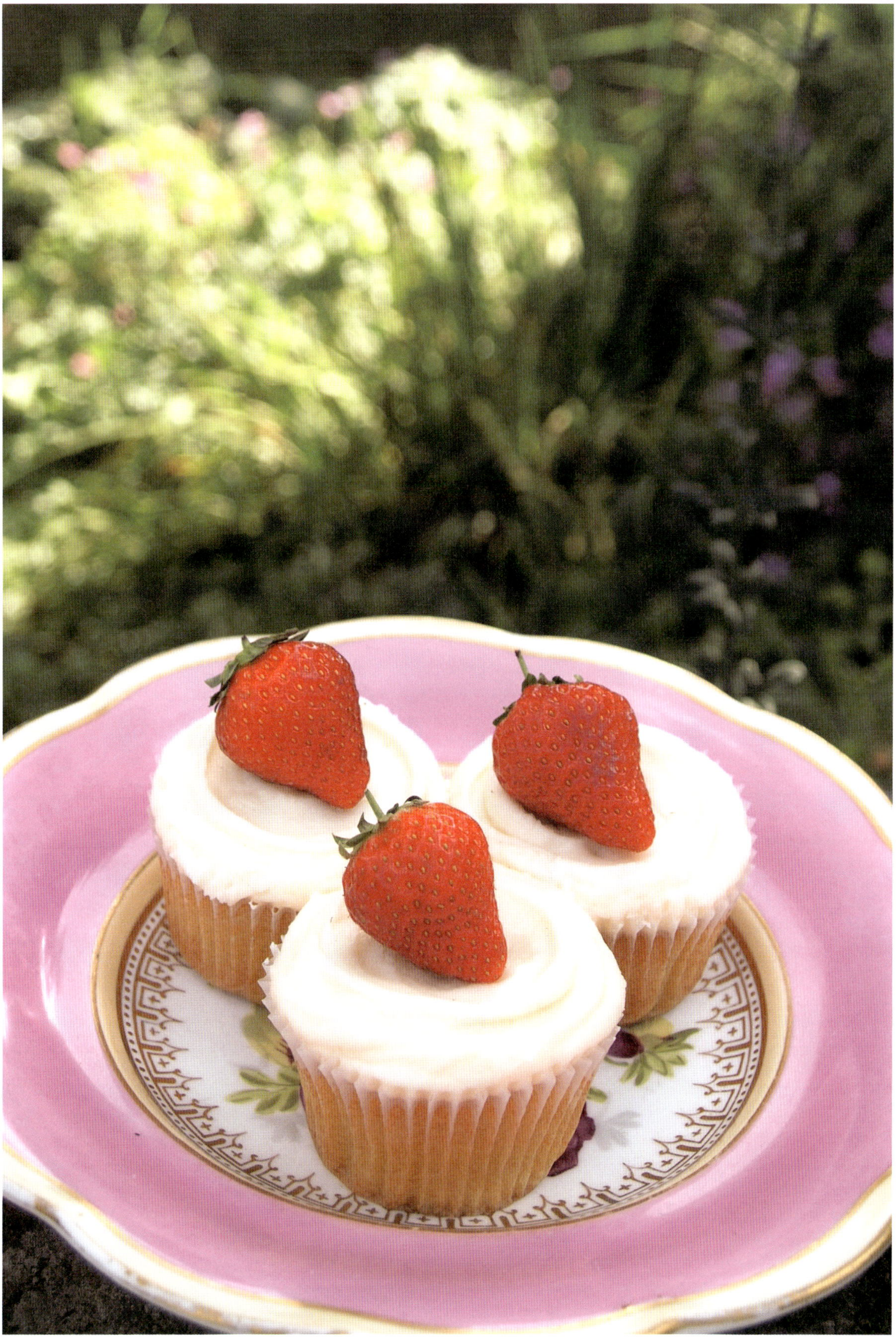

Earl Grey Cupcakes

アールグレイ・カップケーキ

アールグレイの香りのする、上品なカップケーキは午後のティータイムにぴったり。
上に乗せた爽やかなレモン・バタークリームとの相性も絶妙です。

材料（カップケーキ15〜20個分）

A （粉類）
薄力粉 ……お米の計量カップ2カップ
グラニュー糖 ……お米の計量カップ1カップと大さじ3
片栗粉 ……大さじ2
重曹 ……小さじ3/4
塩 ……小さじ1/2

B （液体類）
コーン油 ……150 cc
卵（S）……2個（室温に戻しておく）

C
低脂肪牛乳 ……150 cc（室温に戻しておく）
アールグレイのティーバッグ……1袋

D
アールグレイの茶葉（ティーバッグ）……半袋分

スプリンクル、シュガーフラワー ……適量

作り方

1. オーブンは175度に熱する。

2. Cの低脂肪牛乳とティーバッグを小鍋に入れて沸騰させ、人肌になるまで冷ましておく（a）。

3. Aの粉類をすべて合わせて2回ほど振るいにかけたものを、大きめのボウルに移す（b）。

4. Bの液体類も全て合わせてボウルやジャグなどに入れ、3のボウルに少しずつ注ぎ入れながら、ハンドミキサーの「弱」のスピードで混ぜ始める（c）。

5. 4にBの液体類を全て加えたら、2を加えてハンドミキサーの「中」のスピードで2、3分間、生地がもったりとするまで混ぜる（d）。

6. 5にDの茶葉も加え、ゴムベラなどでボウルの底から生地全体をむらなく混ぜる（e）。

7. ペーパーカップを敷いたカップケーキ型に、6の生地をスプーンやアイスクリームスクープなどを使って、上2cmくらいを残して流し込み、オーブンで20分から25分間焼く。

8. カップケーキ型をオーブンから取り出したらまだカップケーキが熱いうち（5分間以内）に型から取り外し、ラックなどの上で冷ます（f）。

9. 8にレモン・バタークリーム（24ページ参照）を乗せ、スプリンクルやシュガーフラワーを飾る。

a　*b*　*c*

d  　*e* 　*f*

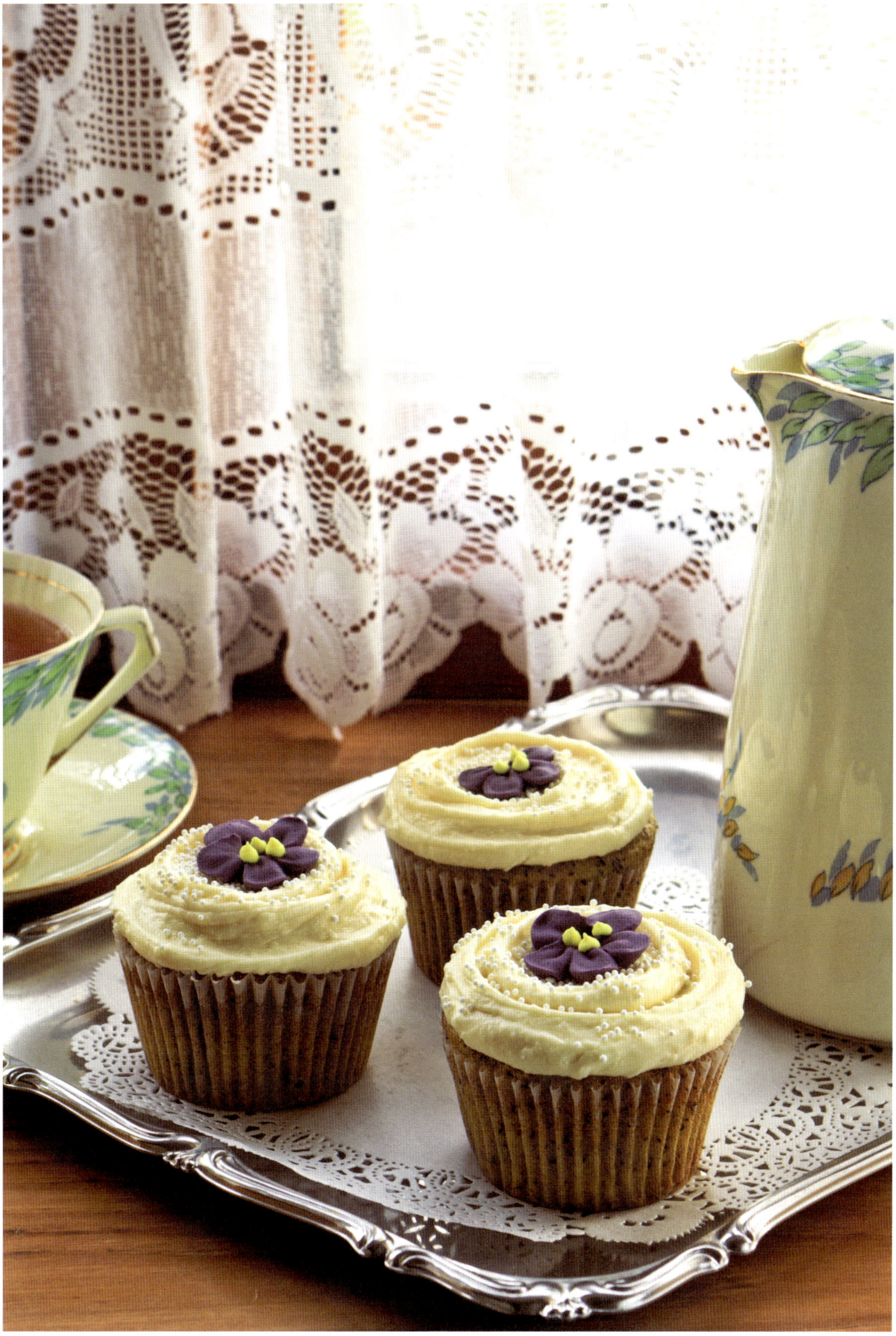

Red Velvet Cupcakes

レッドベルベット・カップケーキ

アメリカ南部の伝統的な真っ赤なレッドベルベット・カップケーキ。
バニラとチョコレートの中間のような絶妙なその味は、日本人の味覚にもぴったりです。
この機会にぜひトライしてみてください。

材料（カップケーキ12〜15個分）

A（粉類）
薄力粉 …… お米の計量カップ1カップと大さじ6
グラニュー糖 …… お米の計量カップ1カップと大さじ1
ココアパウダー …… 大さじ1と1/2
重曹 …… 小さじ1/2
塩 …… 小さじ1/2

B（液体類）
コーン油 …… 150 cc
無脂肪ヨーグルト …… 100 cc（室温に戻しておく）
低脂肪牛乳 …… 40 cc（室温に戻しておく）
卵（S）…… 1個（室温に戻しておく）
酢 …… 小さじ1/2
バニラエッセンス …… 2、3滴

C
ぬるま湯 …… 大さじ1
赤い粉末着色料 …… 小さじ1と1/4
※合わせて赤い着色水を作り、冷ましておく（a）。

作り方

1. オーブンは175度に熱する。

2. Aの粉類をすべて合わせて2回ほど振るいにかけたものを、大きめのボウルに移す。

3. Bの液体類も全て合わせてボウルやジャグなどに入れて合わせておく（b）。

4. 2のボウルに、少しずつ3の液体類を注ぎ入れながら、ハンドミキサーの「弱」のスピードで混ぜ始める（c）。

5. 3の液体類を全て加えたら、ハンドミキサーの「中」のスピードで2、3分間、生地がもったりとするまで混ぜる（d）。

6. 最後に、Cの赤い着色液を加え（e）、ゴムベラなどでボウルの底から全体をむらなく混ぜる（f）。

7. ペーパーカップを敷いたカップケーキ型に、2の生地をスプーンやアイスクリームスクープなどを使って型の半分くらいまで（バニラ・カップケーキより膨らみます）流し込み、オーブンで20分から25分間焼く（g）。

8. カップケーキ型をオーブンから取り出したら、まだカップケーキが熱いうち（5分以内）に型から取り外し、ラックなどの上で冷ます（h）。

9. 8にホイップド・アイシングを乗せ、お好みでレッドベルベット・カップケーキを細かく崩したもの（ケーキ・クラム）を飾る。

a

b 　*c* 　*d* 　*e* 　*f* 　*g* 　*h*

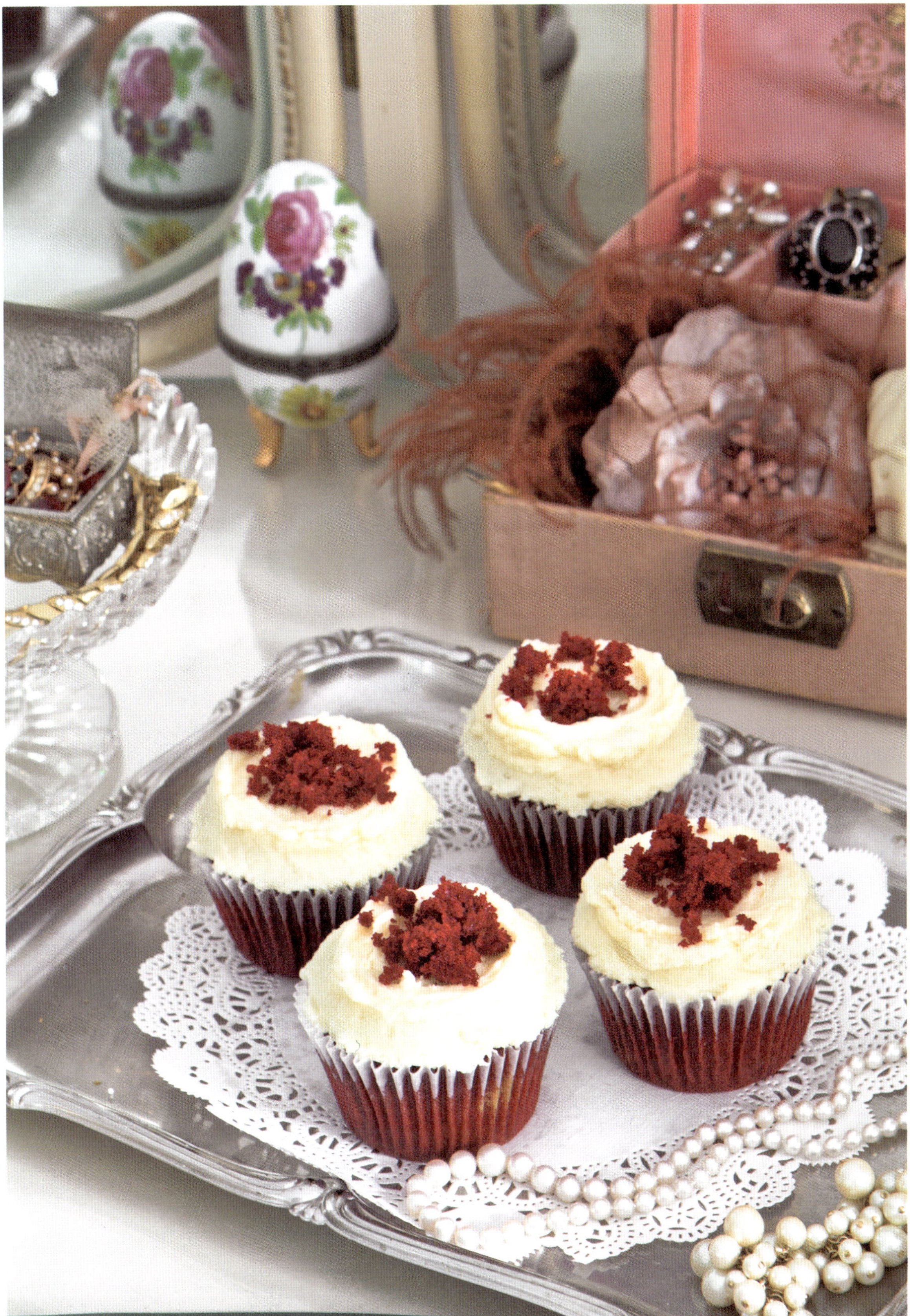

Tips

ホイップド・アイシングの
ABC

ホイップド・アイシングは、アメリカのオールドファッションなアイシング。初めて口にした時、そのホイップクリームのようなふんわりとした質感と、コクがあって優しい味のとりこになりました。

赤と白のコントラストが美しいレッドベルベット・カップケーキは、お祝い事、バレンタイン、クリスマスなどのイベントにぴったりです。でも、着色料の使用がちょっと……という方は、天然成分の粉末着色料などをご使用ください。
アメリカでは、レッドベルベットカップケーキの上にクリームチーズアイシングを乗せてサーブするお店も多くありますので、ホイップド・アイシングと食べ比べてみてください。

ホイップド・アイシングは、作った後すぐにカップケーキの上に乗せることがポイント。ホイップド・アイシングを乗せたカップケーキは作った日から2日間はおいしく食べられますが、アイシングのみでは保存が利きません。冷蔵庫に入れると固くなってしまい、その後に撹拌して柔らかく戻そうとしても分離してしまいますのでご注意ください。

ホイップド・アイシングは少し扱いにくいので、パイピングバッグに入れてアイシングを絞り出すという方法でも良いと思います。

Column

トム・クルーズのレッドベルベット・ケーキ

2001年のある昼下がり、ビジネス・スーツにびしっと身を包んだ知的な女性が、マグノリア・ベーカリー®に現れました。窓際のカウンターでケーキのデコレーションをしていた私に迷わずつかつかと近寄って来た彼女は開口一番、「明日、レッドベルベット・ケーキが必要なのだけど」と一言。しかし当時のマグノリア・ベーカリーでは、丸ごとのケーキを注文する場合、少なくとも2週間前には予約しなければならないというルールがありました。そのことを説明すると彼女は、「実は私、トム・クルーズの秘書をしているの。明日の晩にトムと彼の奥さん（ニコール・キッドマン）と弁護士の3人で大切な話し合いがあって、トムがどうしてもここのレッドベルベット・ケーキが食べたい、と言っているのだけど、どうにかならない？」と続けました。こういった、セレブリティの名前を利用した強引なリクエストは日常茶飯事だったので、私は迷わず「I'm sorry, but I can't」と即答。すると彼女はちょっとイタズラっぽく微笑んでから、100ドル札と自分の名刺をそっとカウンターに置いて、さっそうと店から出て行ってしまったのです。
さすがニューヨーク、"Money Talks（金がものを言う）"とはよく言ったもの。私はすぐに彼女の名刺にあった携帯電話に連絡し「OK then, I will make Tom's cake for tomorrow ……」と伝えて、トム・クルーズ直々のリクエストのレッドベルベット・ケーキ作りに大急ぎで取りかかったのでした。

その2週間後、「トム・クルーズとニコール・キッドマン離婚」のニュースが世界中のメディアを賑わせました。
それから私がマグノリア・ベーカリーでレッドベルベット・ケーキを作るたび、周りのスタッフから「ほら、またサツキがウェディング・ケーキじゃなくて離婚ケーキを作ってる！」とからかわれたのは言うまでもありません。

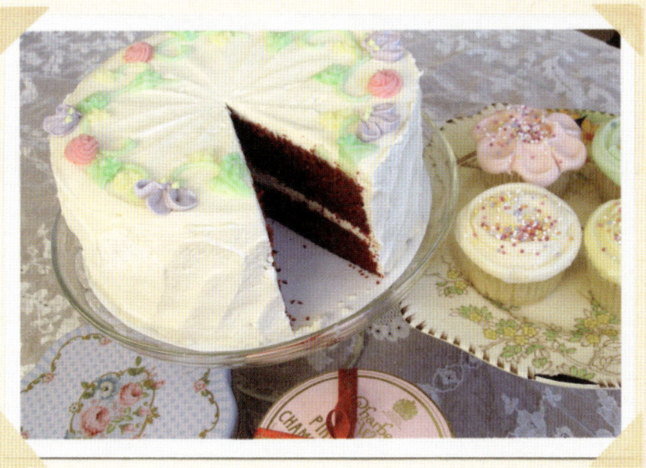

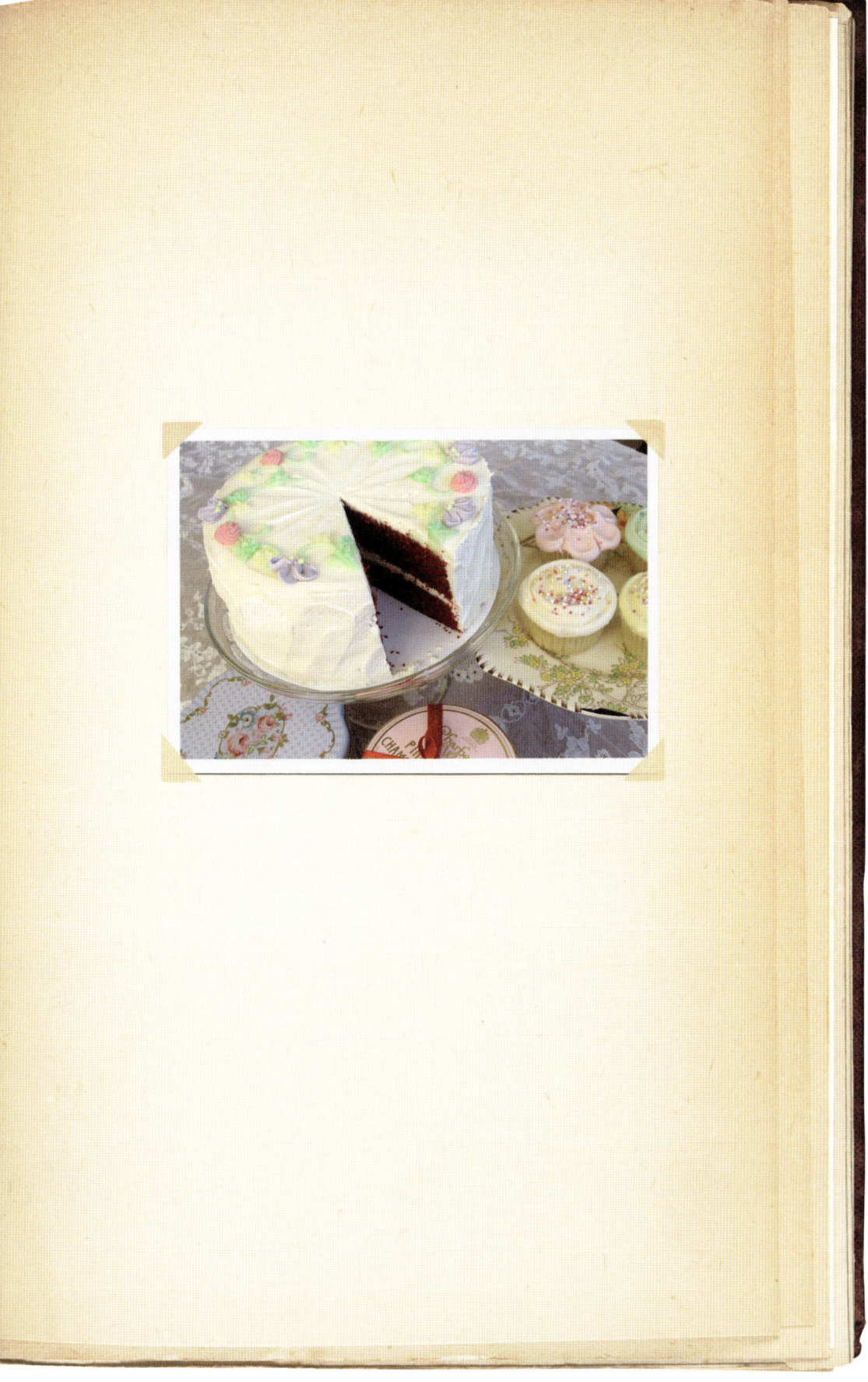

おわりに

ニューヨークという大都会で一生懸命生きていた20代の頃の私にとって、マグノリア・ベーカリー®は「Job」だけではなく「Home」のような存在でもありました。日本が恋しくてホームシックにかかった時や、失恋して大泣きした時も、マグノリアに帰って仲間達の笑顔とカラフルなカップケーキに囲まれれば全てがうまくいくような、そんな気にさせてくれる場所でした。

去年、5年ぶりにニューヨークを訪れる機会が巡って来たとき、私は何よりも先に「マグノリア・ベーカリー同窓会」を企画しました。そして昔カップケーキの上で目を輝かせながら、ニューヨークで叶えたい夢や希望を一緒に語り合ったマグノリアの仲間達が、アメリカ中からニューヨークに集合したのです。デザイナー志望で、毎日お手製の服を着て働いていたペドロは現在「GAP」のメイン・デザイナー。「いつかこういう映画を作りたいんだ」と言って、自分の書いたストーリーをよく聞かせてくれたジムは、今ではクリント・イーストウッドと映画を作るほどの映画監督。サーカス芸人になるのが夢で、いつも頭の上にお皿を数枚積み重ねてカップケーキ作りをしていたクリストファーは、サンフランシスコのサーカス団のメンバーとなり、当日もニューヨーク公演中に顔を出してくれました。ニューヨークで生きていくことだけで必死だったあの頃、自分は一体どんな夢を語っていたのだっけ……と聞いてみると、皆が口を揃えて「サツキはいつも『いつか自分の本を出版したい』って言ってたじゃない！」と答えてくれました。その言葉が10年の時間と国境を越え、愛らしいカップケーキ達によって今回現実のものとなりました。

カップケーキ作りからデコレーション、コーディネートと、全て一人でこなすのは大変な作業でしたが、ロンドン郊外の緑に包まれた自宅で執筆、撮影したこの本は、現在の私の「Job」と「Home」の両方が詰まった特別な作品になりました。
最後に、私にこの本を書く機会を与えてくださり、本作りのAからZまで詳細に渡ってアドバイスをくださった産業編集センターの福永恵子さんに心から感謝の意を表します。

2011年　秋のイギリスにて

ギャンブル五月

Satski Gamble

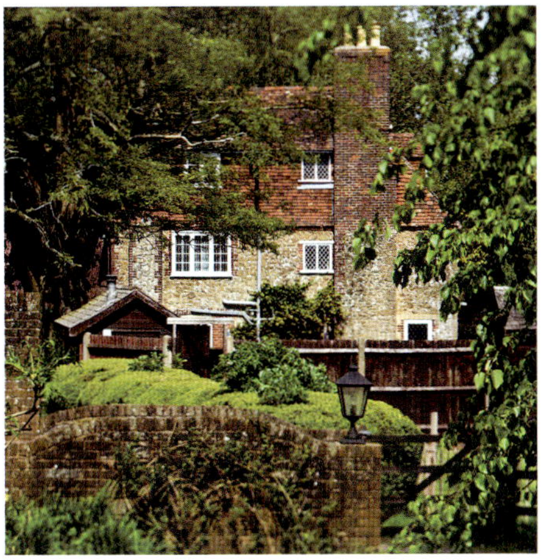

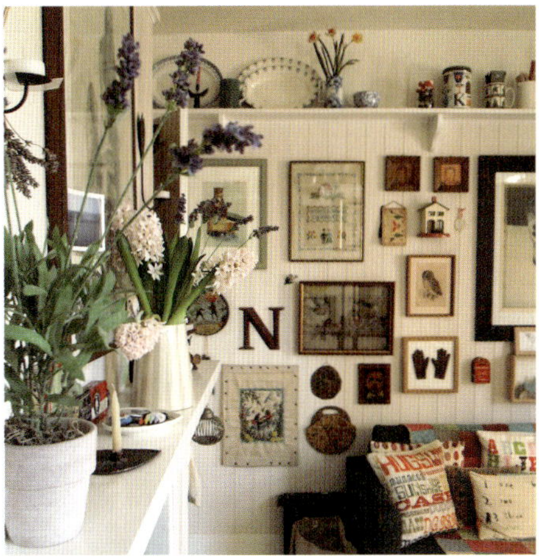
N

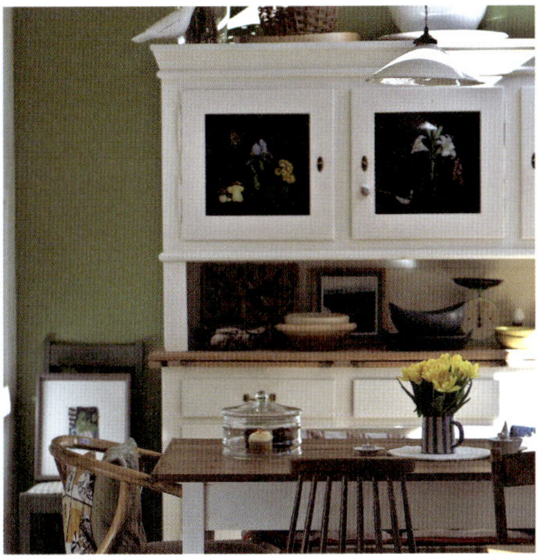

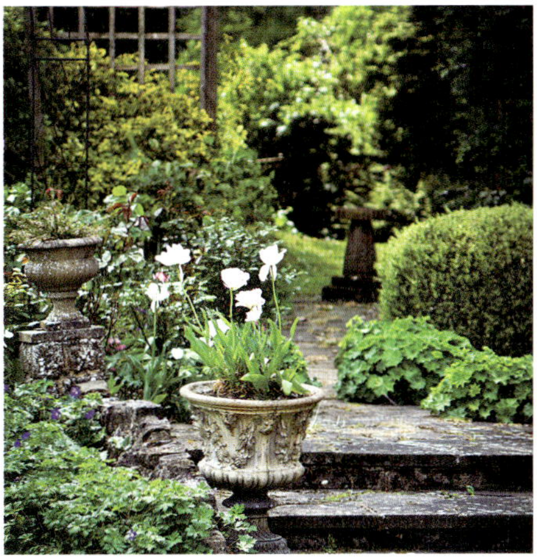

ギャンブル五月　Satski Gamble

茨城県生まれ。同志社女子大学短期大学部卒＆ニューヨーク州立大学卒。1998年から2004年までNYのマグノリア・ベーカリー本店のケーキ・デコレーターとして腕を磨く。2006年渡英後、ロンドン郊外の自宅にて「Butterdrop」を立ち上げカップケーキの販売やレッスンを主催。2015年には一般社団法人日本カップケーキ協会を設立し、公認インストラクターの養成を開始した。現在は日本とイギリスを行き来しながら活動している。
www.satskigamble.com

facebook：
Butterdrop
　　https://www.facebook.com/butterdrop/
日本カップケーキ協会
　　https://www.facebook.com/butterdrop.jp/

Special Thanks

Hunter, Dan, Gamble Family, 大竹家一同, Douglas, Kate, Anita, Hitomi, Kiho, Clark, Allysa and all my friends from The Magnolia Bakery® (1998-2004).

ニューヨーク仕込みの
カップケーキとデコレーション

2011年11月17日　第1刷発行
2016年 7 月 6 日　第2刷発行

著者：ギャンブル五月
撮影：Douglas Slocombe
　　　www.douglasslocombe.com
フードスタイリング（各章扉デコレーション含む）：ギャンブル五月
装幀：白石哲也

発行：株式会社産業編集センター
　　　〒112-0011　東京都文京区千石4-39-17
　　　TEL 03-5395-6133　FAX 03-5395-5320

印刷・製本：株式会社シナノパブリッシングプレス

©2011 Satski Gamble Printed in Japan
ISBN978-4-86311-064-9 C0077

本書掲載のレシピは、日本の一般家庭でも美味しく作っていただけるように、伝統的なアメリカン・カップケーキのレシピにアレンジを加えたものとなっています。
本書掲載の写真・文章・イラストを無断で転記することを禁じます。
乱丁・落丁本はお取り替えいたします。